AF479392

SOUVENIR

HISTORIQUE ET ARCHÉOLOGIQUE

DE LA CAMPAGNE D'ESPAGNE EN 1823,

PAR

M. le Vte de JUILLAC-VIGNOLES,

ANCIEN CAPITAINE DE CAVALERIE,

ET MEMBRE DE PLUSIEURS SOCIÉTÉS SAVANTES.

———

TOULOUSE,

IMPRIMERIE DE A. CHAUVIN,

RUE MIREPOIX, 3.

———

1867

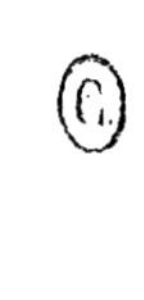

A M. LE COMTE DE GOYON

Général de division, sénateur, grand'croix de
plusieurs ordres et commandant le
sixième corps d'armée.

TÉMOIGNAGE D'AMITIÉ ET D'ANCIENNE CAMARADERIE.

VICOMTE DE JUILLAC-VIGNOLES.

BURGOS

SES ENVIRONS, ET MONOGRAPHIE DE SA CATHÉDRALE.

INTRODUCTION.

Après trois mois de blocus, la ville de **La Corogne**, chef-lieu de la province de même nom, ayant été bombardée pendant quatorze heures par les troupes sous les ordres du lieutenant général comte Bourg, secondées par la division navale commandée par **M**. de Saint-Priest, fut forcée de se soumettre. Alors aussi le comte de Carthagène (Mourillo), gouverneur de la province qu'il avait insurgée au nom des cortès constitutionnelles, étant rentré sous l'obéissance de son légitime souverain, le duc d'Angoulême, généralissime de l'armée française, lui rendit son commandement.

Cette capitulation décida le major général à cantonner la division, forte de huit mille combattants, dans la Vieille-Castille. La ville de Burgos fut assignée à la cavalerie, alors que l'infanterie et l'artillerie étaient disséminées dans les communes circonvoisines. C'était l'époque de la canicule : les fatigues et les privations de toutes sortes endurées au camp, et la perspective de longues et nombreuses étapes à entreprendre prochainement pour rentrer dans la mère patrie, déterminèrent les chefs à faire jouir la division d'un salutaire repos. Les officiers auxquels n'incombait pas le service ordinaire consacraient leurs journées à dormir sous la garde de leur moustiquaire et les nuits à se promener ou à jouer. Faisant exception à cette habitude devenue générale, puisque le sommeil pendant le jour nous fut toujours refusé, nous voulûmes, quoique dépourvus de tout document, employer nos loisirs à connaître l'origine et l'histoire de la cité castillane, étudier et décrire ses principaux monuments pour conserver le plus exact souvenir d'une époque de notre vie déjà si éloignée.

Alors la science archéologique était à peu près inconnue; car, qui donc s'en occupait? La partie monumentale surtout n'était-elle pas le propre des seuls architectes? Et quel amateur eût été bien reçu s'il avait tenté de raisonner et de discuter avec ces messieurs sur un art dont ils possédaient exclusivement le monopole? Aujourd'hui, soit par mode, soit par goût, les études archéologiques ont pris une telle extension, que chacun, dans sa spécialité, peut prétendre à publier ses impressions et réflexions sur telles découvertes, et appeler l'attention des lecteurs sur des sujets qui peut-être leur fussent toujours restés inconnus.

Dans la coordonnance des notes prises d'abord sur les lieux pour en former plus tard un tout homogène, notre but n'a pas été de l'offrir à nos confrères de la Société archéologique du midi de la France pour être inséré dans le recueil de ses Mémoires, puisque nos statuts ne permettent pas l'admission d'un sujet étranger à notre pays; mais, libre de faire un choix pour notre tour de lecture, nous leur avons donné connaissance de celui-ci le 31 mai 1864, et adressé nos remercîments pour le bon accueil qu'ils lui ont fait. Serions-nous aujourd'hui trop osé en espérant une égale indulgence de la part de tous nos lecteurs, surtout s'ils veulent bien réfléchir que ce travail fut entrepris comme une distraction du service militaire par un jeune lieutenant de cavalerie, aussi éloigné de prétendre au talent du plus modeste écrivain qu'à celui d'un débutant archéologue?

Sans ces considérations, chacun à coup sûr aurait eu raison de se récrier contre tant de témérité, alors que dans les œuvres choisies d'Ozanam, à l'article intitulé *Pèlerinage au pays du Cid*, on peut juger avec quelle grâce et quelle poésie ce jeune et bien regretté littérateur a décrit, en 1852, tout ce qui a rapport à cette capitale, comme ville des héros, ville des rois et ville de la Vierge. Sans doute, après des appréciations bien justes et très-élégamment rendues, il eût été plus sage de nous taire, si un autre spirituel touriste (Théophile Gauthier), mais par trop satirique, n'avait voulu, lui aussi, nous dire, dans son *Voyage en Espagne,* en 1859, comment il jugeait la nation espagnole et plus particulièrement encore les Burgalésiens. Ne devons-nous pas dès lors supposer que ces diverses appréciations pourront devenir plus utiles au lecteur qui, les dégageant de toute exagération, lui feront mieux comprendre quelle fut l'importance de la Vieille-Castille dès son origine, ses diverses péripéties, et davantage encore la valeur de Burgos dans son passé, si différent de sa position présente.

Nous n'avions eu tout d'abord que l'intention de décrire la

somptuosité de sa cathédrale; mais pouvions-nous rester muet en ce qui a rapport à l'histoire du pays, à la position de la ville dans un site si beau, et dont les alentours apparaissent si arides et si déserts, à l'origine et à la description des monuments qui dépendent de sa juridiction? Non, sans doute. C'est donc par le secours de quelques notices sur l'extérieur et l'intérieur de Burgos que chacun pourra mieux se rendre compte de ce que fut jadis cette reine de toutes les villes de l'ancien royaume de Castille, dont les étrangers faisaient le but de leur pèlerinage, qui était le rêve des antiquaires, l'inspiration des historiens et des poëtes, à laquelle, hélas! il ne reste plus que le souvenir de sa splendeur passée.

CHAPITRE PREMIER.

Notice sur l'ancien royaume de Castille.

La monarchie espagnole, qui s'étendait du sud au nord depuis les versants de la chaîne de *Guadarrama* et les monts d'*Avila* jusqu'à la région des anciens *Cantabres* et la *Navarre*, qui est bornée au nord par le royaume d'*Aragon*, et à l'occident par celui de *Léon*, était connue des Romains sous la dénomination de terre des *Vaccéens*. Elle prit plus tard celle de *Castille*, et depuis bien des années on y joint la qualification de *vieille*, pour la distinguer de la *nouvelle*. — Arrachée par les Goths au joug musulman, elle devint une province formée de différents comtés qui équivalaient à autant de gouvernements. Conquise de nouveau par les infidèles, ainsi que d'autres Etats circonvoisins, elle fut une des premières à recouvrer son indépendance.

L'histoire de la restauration de cette monarchie est fort obscure. Toutefois, il paraîtrait que les anciens comtes, ou ceux qui leur succédèrent, gouvernaient la Castille sous la suzeraineté du royaume de Léon. Ce vasselage se bornait à imposer aux seigneurs l'obligation d'aider le roi avec des hommes et de l'argent, lorsqu'il était contraint de combattre les infidèles.

Cependant, entre la vérité de l'histoire et les inventions de la fable, on distingue, vers les premières années du neuvième siècle, la figure d'un certain *don Rodrigue*, comte de Castille, le premier dont l'existence ait le reflet de quelque authenticité. Il eut pour fils et successeur *don Diego Porcellos*, qui, ayant défait les Sarrasins dans les gorges de *Pancorbo*, construisit une enceinte pour y mettre à l'abri les femmes, les enfants, les vieillards, et tout le butin de la conquête. On ignore dans quel but il donna en mariage sa fille *Sula Bella* à un chevalier du nom de *Nugno Belchides* ou *Bellides*, que des historiens font allemand et d'autres castillan. Les uns et les autres disent que, dans l'enceinte construite par *Porcellos*, *Nugno* fonda la forteresse de *Burgos*. Les pre-

miers font provenir ce nom du mot allemand *burg* (château) ; les seconds
soutiennent que *Nugno* est un nom castillan , et que *Burgos* dérive du
mot *burgus*, latin du Bas-Empire, employé pour désigner une forteresse.

Quoi qu'il en soit , on ne peut douter que Burgos ne fût à son origine
un château fort , et tout porte à croire que , de l'union de *Nugno* et de
Sula , sont provenus, à différents degrés, *Nugno de Rasura*, le comte
Fernand Gonzalès, les sept enfants de *Lara* et le *Cid*.

Burgos , comme forteresse assise sur un mont escarpé , étendit gra-
duellement ses limites jusqu'au bord de la rivière *Arlanzon*, et, dans les
premières années du dixième siècle, devint l'une des plus importantes
villes de la contrée. A cette époque, le roi de Léon ayant invité les chefs
castillans à une fête, les fit traitreusement massacrer et provoqua par cela
même la révolte du peuple, qui, s'étant donné pour juges *Nugno de
Rasura* et *Laïn Calvo*, les installèrent dans leur cité. Plus tard , le
célèbre *Fernand Gonzalès*, ayant arraché l'indépendance du comté à
Sanche le Gros, elle fut maintenue jusqu'à l'époque de la réunion défi-
nitive des deux couronnes de Castille et de Léon sur la tête de *don Fernand II*, surnommé *le Saint*. Burgos, choisi comme capitale, conserva
cette dignité jusqu'à sa décadence, qui la fit alors classer comme ville de
troisième ordre.

EXTÉRIEUR DE LA VILLE DE BURGOS.

Il offre avec l'intérieur un contraste non moins frappant que celui que
présente son état actuel par rapport à l'idée que les souvenirs historiques
de l'ancienne capitale réveillent dans l'imagination.

Les eaux de l'Arlanzon fertilisent une délicieuse campagne, où , chose
rare en Castille , abondent les arbres et les jardins. Partout une riche
végétation réjouit la vue. De la plaine, la ville apparaît comme molle-
ment assise sur sa verdoyante colline, et le château des anciens rois
demandant protection à la citadelle. Auprès de vertes prairies et de luxu-
riants coteaux se groupent les hameaux, les couvents, ce tout enfin qui ,
éclairé par le beau soleil de l'Espagne, forme un éblouissant spectacle.
Comme contraste ou ombre au tableau, on distingue, sur l'ancienne résidence des primitifs habitants, d'humbles masures , des ruines vénérées .

et, dans ce nombre, sur un fragment de muraille, deux écussons acco-
lés, dont l'un, entouré d'une chaîne, est chargé de deux épées en sautoir
et d'une croix brochant sur le tout : ce sont les armes du *Cid*. Le second,
entouré aussi d'un chaîne et chargé d'une tour, représente les armoiries
de *Chimène*. Au-dessous, et gravée sur la pierre, on lit cette inscription :
« Ici naquit, en l'an 1026, et demeura *Rodrigue Diaz de Bivar*, appelé
» *Cid Campeador* (champion); il mourut en 1099. Son corps fut trans-
» porté au monastère de *Saint-Pierre de Cardegna*. C'est en l'honneur
» de l'éternelle mémoire de ce héros que ce monument fut érigé en 1784
» sur les ruines de son berceau. »

Plus loin, la tradition indique au visiteur la place où était le palais des
Lara ; car il n'en reste plus vestige.

SAINTE-MARIE DE LAS HUELGAS (1).

A un quart de lieue de Burgos, de l'autre côté de l'Arlanzon, on
découvre, à travers un épais rideau de peupliers, le monastère ainsi
nommé. Ce surnom vient, d'après la tradition, d'un château de plaisance, dans lequel les rois de Castille allaient oublier les soucis du gou-
vernement et se reposer des fatigues de la guerre. Sa transformation en
monastère est due à *Alphonse VIII*. D'après une inscription qu'on y lit
encore, ce souverain, en expiation des péchés qui, à ses yeux, furent la
cause de la défaite d'*Alarcos*, voulut en faire un monument religieux.
D'après la même inscription, on peut croire que la reine *dona Leonor*,
épouse de *don Alphonse,* contribua à cette pieuse résolution ; et il est
donné à entendre qu'elle valut aux armes chrétiennes la miraculeuse victoire de *Las Navas,* remportée sur la nombreuse armée musulmane.

Quoi qu'il en soit, nul monastère de religieuses n'obtint jamais autant
de priviléges que celui de Las Huelgas, dont l'abbesse possédait naguère
encore l'autorité immense qui résulte des titres énumérés en tête de
ses diplômes. Il nous fut permis d'en prendre lecture, mais non de les
copier.

L'aspect général de l'édifice n'est ni aussi agréable ni aussi imposant

(1) *Huelgas* signifie récréation, repos, suspension de travail.

qu'il devrait l'être, à cause des parties exotiques qui étouffent le primitif monument, et des profanations par lesquelles l'ignorance l'a défiguré et mutilé à diverses époques. Néanmoins, Las Huelgas sont un des plus curieux spécimens que l'artiste et l'antiquaire puissent imaginer : il réunit en abrégé l'histoire de l'architecture espagnole, depuis ses premiers pas à la sortie des ténèbres dans lesquelles l'irruption des Barbares avait plongé les arts, jusqu'à son perfectionnement, au seizième siècle. Il offre un modèle des constructions du style byzantin en usage depuis le septième siècle jusqu'au douzième. C'est dans les chapelles que se font remarquer les divers siècles ; car chacune a son cachet très-distinct, et c'est par ces causes que nous classons Las Huelgas comme pouvant servir d'école à l'art architectonique. Les nombreux et riches tombeaux des rois, reines, princes, princesses, et autres personnages ecclésiastiques et séculiers de haut rang qui y sont ensevelis, deviennent autant de types de sculpture à adopter par les artistes qui se consacrent à la création de ces monuments religieux.

C'est à Sainte-Marie de Las Huelgas, le Saint-Denis de la Vieille-Castille, que les souverains allaient recevoir leur couronne, faire bénir leur mariage et obtenir la paix du sépulcre.

L'HÔPITAL DU ROI.

Auprès de l'abbaye royale, et sous son obédience, le même fondateur fit construire un hôpital destiné à recevoir les pauvres voyageurs et les pèlerins qui, de tous les points de la chrétienté, se rendaient à *Saint-Jacques de Compostelle*. Il était desservi par treize religieux et plusieurs religieuses dont l'abbesse recevait les vœux, et auxquels, pour honorer leurs ministères, on donnait l'habit de *Calatrava*, avec le titre de commandeurs et commanderesses. — Des restaurations mal comprises en ont défiguré l'architecture. Toutefois, on peut encore admirer l'élégance de la principale porte, appelée de *los Romeros* (des pèlerins), au fronton de laquelle leur protecteur, saint Jacques, est majestueusement assis dans une niche, et, au sommet, l'archange saint Michel foulant à ses pieds Satan. Les murs latéraux de cette porte sont couronnés par des animaux fantastiques enlacés, et, entre chaque groupe ou division, s'élève un tourillon en forme d'aiguille, dans le style du seizième siècle.

LA CHARTREUSE DE MIRAFLORES.

Si Sainte-Marie de Las Huelgas garde Burgos du côté de l'occident, la chartreuse la protège à l'orient. Elle est située sur la colline qui domine le pays, au milieu de champs de blé et d'orge. La dénomination de Miraflores est un non-sens, ou a été donnée par dérision à un lieu où pas une seule fleur ne se montre, et qui cependant fut un parc au centre duquel *don Henri III* avait fait construire un pavillon, rendez-vous de chasse et point de repos après cet exercice. *Jean II,* voulant accomplir un vœu de son père, offrit ce vaste emplacement aux Chartreux et les fonds nécessaires pour y élever un monastère dans lequel il avait choisi sa sépulture. Mais il ne vécut pas assez longtemps pour voir achever son œuvre; ce fut la grande *Isabelle*, surnommée *la Catholique*, qui en confia la continuation à deux architectes allemands et à deux espagnols, lesquels bâtirent aussi l'auguste et gracieuse église. S'étant rendue à Miraflores en 1483, Isabelle voulut voir et vénérer le cercueil de Jean II, alors dans les caveaux. Puis, appelant le sculpteur *Gil de Siloé*, elle le chargea de dessiner le mausolée de *Jean II*, destiné aussi à sa seconde femme, *Isabelle de Portugal*, et celui de leur fils, *l'infant don Alphonse*. Satisfaite de la composition, elle ordonna d'effectuer ce gigantesque travail, qui, commencé en 1489, fut terminé en 1494. *Ozanam* a raison de dire que « l'église de Miraflores est une grande châsse, où Isabelle a voulu re-
» cueillir les restes de son père, de sa mère et du jeune frère dont la
» mort prématurée lui avait donné la couronne. » Empruntons-lui encore ce qu'il dit au sujet de ce monument : « L'extérieur a la forme d'un
» immense catafalque. Point de clocher, point de transept; à la façade,
» les armes royales pour seule ornementation, et, au-dessus, un Crucifix.
» Au pourtour des murailles, et en guise d'acrotère, quarante aiguilles
» de trois grandeurs différentes ressemblent à trois rangs de candélabres
» éclairant l'appareil funèbre. Dans l'intérieur, dix-sept fenêtres garnies
» de vitraux peints répandent une clarté mystérieuse. Pendant que la
» reine faisait exécuter cet ouvrage, elle recevait dans Burgos *Christo-*

» *phe Colomb* revenant du nouveau monde, dont elle lui avait ouvert le
» chemin : il offrit à sa souveraine un magnifique diadème, une très-
» grande quantité de bijoux et des lingots de l'or le plus pur. Isabelle
» consacra ces richesses au service de Dieu, et voulut que le retable de
» la chartreuse fût doré des prémices de l'Amérique. »

MAUSOLÉE DU ROI ET DE LA REINE DANS L'ÉGLISE DE MIRAFLORES.

Au milieu du chœur, devant l'autel, s'élève cet incomparable monument, dont la forme est octogone. Sur le soubassement et à chacun des
angles, de grands lions paraissent préposés à la garde des deux précieux
restes. A chacune des faces, une statue assise occupe le centre. Du côté
du roi, l'artiste a représenté huit justes de l'Ancien Testament, et, à
l'angle principal, les armes de Castille supportées par deux lions couronnés. Du côté de la reine, les vertus théologales et cardinales ; et, à
l'angle principal, la Vierge ayant le Christ mort sur ses genoux. Dessus,
dessous, et à côté des seize grandes figures, de petites niches contiennent
des docteurs qui méditent, des moines et des religieuses en prière, des
bergers, des bergères dont nous n'avons su deviner la signification. Aux
angles supérieurs du sarcophage, on voit des écussons alternés avec des
anges aux ailes éployées. Au-dessus, et couchées l'une à côté de l'autre,
les statues de Jean II et d'Isabelle de Portugal. Les têtes sont belles, les
attitudes nobles et calmes, les costumes magnifiques ; le roi a les mains
jointes ; la reine, un peu tournée de côté, porte ses yeux sur un livre
qu'elle tient dans les siennes ; à leurs pieds, un enfant, un lion et un chien
paraissent jouer dans le plus parfait accord. Autour des deux souverains,
les quatre évangélistes, assis sur des trônes, ont leurs attributs à côté.

Il faudrait entrer dans de trop nombreux détails pour bien rendre tout
ce que contient ce chef-d'œuvre en fines colonnettes, dais, supports,
feuillages, etc. Le regard s'y perd, se fatigue ; et, à ce tour de force de
l'artiste, à cette surcharge d'ornementation, chacun préférerait, ce nous
semble, plus de simplicité. Mais disons encore, avec Ozanam, « que
» la pieuse reine n'a pas voulu laisser seuls dans leur tombe les auteurs
» de ses jours : elle les a entourés devant le Seigneur par tout un peuple
» de pierre qui semble intercéder pour eux. »

MAUSOLÉE DE L'INFANT DON ALPHONSE DANS LA MÊME ÉGLISE.

Malgré la beauté du monument que nous venons de décrire, grand nombre de personnes lui préfèrent celui de l'*infant*, construit aussi par les soins de la reine, et confié au ciseau de *Gil de Siloé*. Sa place fut choisie contre le mur du côté de l'évangile ; il a la forme d'un grand retable. Au centre du soubassement est représenté l'écusson de Castille et de Léon , soutenu par des génies. Dans les panneaux de droite et de gauche, deux guerriers , couverts de leur armure et appuyés sur leurs lances, rappellent par leur attitude menaçante les grands vassaux , plus hostiles à la royauté qu'ils n'en étaient les défenseurs. Ce fut dans la plaine d'*Avila* que, pour assouvir leur ambition , ces factieux déclarèrent leur souverain *Henri quatrième* déchu du trône, et mirent à sa place son jeune frère *Alphonse,* dont le règne fut court et mauvais. Nous avons déjà dit que sa mort donna la couronne à sa sœur *Isabelle*, qui, à cause des liens du sang et non pour honorer cette fausse royauté, voulut élever ce monument à sa mémoire.

Au-dessus du soubassement formant le sarcophage et dans une grande niche richement décorée, le prince est représenté à genoux sur un coussin et dans l'attitude de la prière, drapé dans un magnifique manteau ; il porte sur ses épaules un chaperon ; devant lui, un livre ouvert est placé sur un prie-dieu.

Entre l'arceau surbaissé de la niche et l'arcature ogivale flamboyante qui le surmonte, la Vierge, assise, tient dans ses bras l'enfant Jésus. Le retable s'élève bien davantage encore par un très-remarquable décor dans le même style. Des deux côtés du monument, deux pyramides ou colonnes, creusées depuis leur base jusqu'au sommet par une grande quantité de niches, comportent un égal nombre de figurines d'une parfaite exécution. En somme, tout ce qui compose ce second monument est mieux soigné et plus fini que le premier. A ce sujet, Ozanam observe « que, quand il n'y eut plus de rois à Burgos, ceux qui devinrent les » souverains de toute l'Espagne ne visitèrent la chartreuse qu'en passant ; » mais les moines restaient pour garder les sépultures et continuer l'hos- » pitalité et les secours de toute sorte aux indigents ; mais, à leur tour ,

» ces religieux ont disparu ; et Miraflores ne serait plus qu'un beau
» corps sans âme, si chaque jour encore Dieu n'y descendait sur l'autel
» pour le repos des morts qui l'ont bâti et le pardon des vivants qui l'ont
» profané. »

PAROISSE DE SAINT-LESMES.

Hors des murs de Burgos, entre les deux rivières *Arlanza* et *Vena*,
le roi Alphonse VI avait fondé un ermitage sous l'invocation de saint
Jean, qu'il donna à l'hôpital et au monastère du même nom pour y recevoir les pauvres et les pèlerins. Ce prince ressentit, en 1081, un telle
admiration pour les vertus de *Lesmes*, alors missionnaire dans les pays
étrangers, que, cédant aux instances de la reine *Constance*, il l'appela
près de lui ; et, afin d'être plus sûr de le retenir longtemps, il lui donna,
en 1083, l'ermitage de Saint-Jean ; c'est là que mourut, en 1097, ce
saint personnage. Le roi Jean Ier, voulant honorer sa mémoire, fit construire en ce même lieu l'église actuelle, qui a le rang de paroisse, et
qu'il dénomma *Saint-Lesmes*. C'est en 1130 qu'elle fut terminée, ainsi
que le tombeau du saint, placé au fond de l'église et soutenu à chacun
de ses angles par une colonne dorique. Ce qu'il y a de plus remarquable
dans l'intérieur de cet édifice gothique, ce sont les belles peintures de
Martinez et plusieurs tableaux de l'école flamande du plus merveilleux
coloris, ainsi qu'un *Saint François* fait par *Cerez*. La porte d'entrée est
un chef-d'œuvre de sculpture ; la multitude d'arcs ogivaux qui la forment
produisent un enfoncement extraordinaire et le plus majestueux porche.
Ces mêmes arcs, supportés par des colonnettes fines et gracieuses, sont
ornés à l'imitation de la dentelle. En avant et de chaque côté de cette
porte s'élèvent deux colonnes arrondies, mais creusées pour des niches
destinées à recevoir des statuettes et terminées en aiguille. Plus en avant
encore, deux fortes colonnes carrées, bien plus élevées que la porte,
reçoivent dans leur milieu une niche très-allongée terminée par un dais,
et sous lequel est d'un côté une Vierge, de l'autre un ange. Le sommet
de ces colonnes est couronné de la manière la plus élégante et à la fois la
plus riche. Le plus grand arc ogival de ladite porte est entouré d'une ornementation en style flamboyant. Enfin, la corniche qui règne au-dessus,

entre les deux grandes colonnes, est formée par une grecque à jour d'un travail admirable.

CHAPITRE II.

Intérieur de la ville. — Porte Sainte-Marie.

Avant d'entrer dans Burgos, on parcourt un long barry ou faubourg semblable à ceux des villes françaises, et appelé le *barry de Vega*, en mémoire du personnage de ce nom. A l'extrémité dudit faubourg, un beau pont en pierre, établi sur la rivière Arlanzon, conduit à sa rive droite, où apparaît une assez belle rue. Entre le pont et la rue, il y avait, au douzième siècle, une grande tour dénommée Sainte-Marie, dans laquelle Pierre le Cruel fit jeter pour y mourir *Garcilasso de la Vega*.

Quand la bataille de *Villalar*, livrée contre *Charles-Quint* par les Comuneros, eut été perdue par ces derniers, les Burgalesiens, redoutant la colère du vainqueur, essayèrent de la calmer en élevant à sa gloire un arc triomphal, mais en lui prouvant aussi qu'ils n'abdiquaient ni leur orgueil ni leurs prétentions, basées sur ce qu'ils envisageaient comme un droit. La vieille tour fut alors démolie, et, à sa place, ils firent construire le monument auquel ils donnèrent le nom d'*Arc Sainte-Marie*, et qui, par son développement, présente la même largeur que le pont. Il est formé sur les côtés par deux tours jumelles, rondes, crénelées et percées de meurtrières. Le mur de façade, qui les lie l'une à l'autre, présente deux grandes divisions séparées par un cordon. Au centre de la première, au-dessus du sol, un arc surbaissé et qui, en largeur, absorbe la moitié de la façade, constitue la porte ou entrée de ville ; de chaque côté, une colonne avec base et chapiteaux l'encadrent.

Au centre aussi de la seconde division, six niches établies sur deux rangs de hauteur, encadrées par des colonnes tout comme la porte, occupent la même largeur sur la façade ; elles ont reçu au premier étage les statues du fondateur de la cité, *Diego Porcellos*, et les juges de Castille, *Nugno de Rasura* et *Laïn Calvo*. Au second étage, dans la niche du milieu, plus élevée que les deux autres, est placée sur un socle la statue de *Charles-Quint ;* dans celle de droite, *Fernand Gonzalès*, le grand comte ; dans celle de gauche, le *Cid*, tenant en main sa redoutable épée. Ces deux divisions sont couronnées dans toute leur largeur par une galerie à balustres, aux deux extrémités de laquelle un guerrier, armé de toutes pièces, tient un écusson ; celui de droite représente les armes impériales ; celui de gauche, les armes de Castille. Les deux tours ne s'élèvent pas davantage que les deux divisions superposées et qui viennent d'être décrites.

Une troisième division, mais d'un tiers moins large que les deux autres, continue l'élévation de la façade. Au centre, un arc surbaissé, semblable en hauteur et largeur à celui de la porte, a reçu, au milieu du mur qui constitue le plein, une forte console sur laquelle la statue de l'Ange exterminateur semble préposée à la garde de la ville. De chaque côté de l'arc et aux deux extrémités de cette division s'élèvent les tourelles ou poivrières rondes crénelées et avec meurtrières. Un cordon contournant les tourelles règne sur toute l'étendue de la façade, au-dessus de l'arc. Sur ce même cordon et entre les tourelles, un acrotère crénelé et avec meurtrières couronne ce monument, du milieu duquel s'élève encore une petite niche en forme de chapelle, où la Vierge, assise, prend sous sa protection ses fidèles et pieux Castillans.

PARTICULARITÉS SUR BURGOS.

A la droite du pont, du côté de la ville, se déploie un large quai ou *espolon,* orné d'arbres et de médiocres statues. C'est sur ce quai que sont situées les deux plus belles maisons modernes : celle du consulat et celle de la marquise de Viluegna. La place Mayor, entourée de galeries couvertes où se promènent sans cesse les oisifs toujours enveloppés dans leurs manteaux, ressemble à beaucoup d'autres places. Dans diverses rues, on voit encore quelques habitations d'une époque reculée et qui nécessiteraient de grandes restaurations, en souvenir des hauts personnages qui les ont occupées : ainsi celle des Mirandas, construite dans le seizième siècle.

ARC GONZALÈS.

A l'extrémité de la rue Fernand-Gonzalès et sur l'emplacement de l'ancienne demeure de ce héros, Philippe II fit construire en son honneur un arc-de-triomphe.

Cet arc à plein cintre est orné, à chacun des côtés, de deux colonnes doriques sur un soubassement, très-élevées, et servant de base à une corniche du même ordre. Au-dessus et au milieu, mais de la largeur seulement de l'ouverture de la porte, est un carré cube formant frontispice, dans lequel est incrustée une plaque en marbre portant cette inscription :

Ferdinando Gonsalvi Castellæ assertori suæ ætatis præstantissimo duci ; magnorum regum genitoris suo , ubi intus domus arca sumpter publico , ad illius nominis et urbis gloriæ memoriam sempiternam.

A gauche et à droite de l'inscription, deux médaillons représentent, l'un le buste du roi, l'autre les armes de Castille ; au-dessus, deux génies soutiennent les armoiries du comte.

Le frontispice est accompagné de chaque côté par une galerie carrée et à balustres, sur les angles de laquelle est placé un obélisque. Enfin, ce frontispice est surmonté d'un petit portique imitant une chapelle ou un mausolée dont le couvert est à deux versants, sur lequel sont implantés trois autres obélisques ou aiguilles, celui du milieu sommé d'une croix. — Sans doute, le vide du portique était destiné à recevoir la statue du comte. Nous ignorons si cette lacune existe encore.

Au nombre des églises les plus remarquables après la cathédrale, nous avons distingué celle de *Sant Esteban* (Saint-Etienne). Il n'est pas de touriste qui, en la visitant, ne se croie transporté dans celle de *Saint-Etienne-du-Mont*, à Paris. La forme, le style sont absolument semblables. L'arcature, surmontée de la gracieuse galerie, diffère par sa position : à Paris, elle est en avant du sanctuaire; à Burgos, elle est à l'entrée de l'église et en forme le porche. Le décor des deux monuments ne peut se comparer, parce que le goût espagnol, au point de vue religieux, domine celui de toutes les autres nations.

Ici s'arrête forcément notre pèlerinage à l'intérieur et à l'extérieur de la ville; et si nous ne disons rien des autres églises, c'est que nous avons hâte d'arriver à la description de la cathédrale. Chacun, après l'avoir lue, comprendra facilement que les vingt-six jours de cantonnement qui nous

3

restaient encore devenaient indispensables pour examiner à fond et pour décrire ensuite cet immense édifice.

La chaleur ne discontinuait pas et devait être plus forte que celle des années antérieures, puisque les naturels du pays la disaient tropicale. Il fallut cependant l'affronter avec courage, pour étudier pas à pas le pourtour extérieur du monument; jamais nous n'aurions pu en venir à bout sans le secours d'un grand parasol fixé en terre et d'un siége à X qui nous permettait de consigner au fur et à mesure dans notre album, mais sur nos genoux, la description de chacune des parties.

Avant de placer ce travail sous les yeux des lecteurs, nous avons cru pouvoir le faire précéder d'une dissertation sur quelques particularités et significations que quelques-uns ignorent peut-être, et que peut-être aussi ils seront bien aises de connaitre. Nous les renvoyons dès lors aux préliminaires de la seconde partie.

CHAPITRE III.

Quand Jésus-Christ fonda son Eglise, il imprima à ce grand œuvre les caractères d'un pouvoir surnaturel, si sensibles et si palpables, que quiconque veut l'étudier avec attention et impartialité ne peut n'y pas reconnaître le doigt d'un Dieu. Aussi l'apôtre et évangéliste saint Matthieu nous apprend que le Sauveur des hommes, causant avec ses disciples, leur disait : « Tout pouvoir m'a été donné dans le ciel et sur la terre : dans le ciel, pour être assis à la droite de mon Père ; et sur la terre, pour y fonder mon Eglise, composée de toutes les nations, réunissant tous ses membres dans un seul corps, et régnant d'une manière absolue sur toutes les créatures. » Puis, quand l'heure fut venue, il leur dit encore : « Allez, et enseignez par tout l'univers. » Quand donc le Saint-Esprit fut descendu sur eux, ils se répandirent sur toute la surface du globe pour y enseigner l'Evangile qui devait être le principe et le fondement de la religion chrétienne.

SIÉGE OU ÉVÊCHÉ D'OCA.

L'apôtre saint Jacques eut mission d'évangéliser l'Espagne, qui était alors l'une des principales provinces de l'empire romain, et, par la raison qu'*Oca* était le centre, ou chef-lieu d'une colonie, ce fut là qu'il commença ses prédications, et là aussi qu'il établit le premier siége épiscopal. Cette ville, placée au milieu des montagnes, est aujourd'hui près de celle appelée *Villafranca*, et à huit lieues de celle appelée *Burgos*, l'une et l'autre bâties bien postérieurement. D'après la tradition, *Oca* fut construite par les fils de *Tubal*, petits-fils de *Japhet*, et arrière-petits-fils de *Noé*. Il n'est plus d'archives ni de documents qui puissent nous apprendre les particularités de l'église d'Oca, depuis sa fondation jusqu'à sa destruction, qui eut lieu en 714. Cette année-là les Maures envahirent l'Espagne, la ruinèrent et détruisirent toutes les églises. Plusieurs prélats furent martyrisés, d'autres cherchèrent un refuge sur les plus hautes et plus désertes montagnes, où, secondés par quelques fidèles, ils y érigèrent quelques chapelles.

Pendant un très-grand nombre d'années, les évêques furent censés se succéder sur le siége d'Oca, malgré la destruction générale. A chaque décès, une élection nouvelle était faite, et toujours le prélat désigné prenait la dénomination d'évêque d'Oca. Mais par la raison qu'il ne pouvait avoir une résidence fixe à cette époque de bouleversement, le siége fut forcément transplanté dans divers lieux. Enfin, le calme ayant été rendu au pays, le siége fut rétabli à *Oca*, quoique cette ville, encore déserte, ne possédât plus de ressources.

TRANSLATION DU SIÉGE D'OCA A GAMONAL ET, BIENTÔT APRÈS, A BURGOS.

En 1074, l'évêque *Simon*, cédant aux sollicitations des infantes *dona Urraca* et *dona Elvira*, filles du roi de Castille, *don Fernand Ier*, consentit à la translation du siége d'*Oca* à Notre-Dame de *Gamonal*, ville située à une demi-lieue de *Burgos*, sur le chemin de *Vitoria*. Mais l'année suivante, 1075, le roi *don Alonzo VI*, frère desdites infantes, ayant obtenu une nouvelle translation de ce même siége à *Burgos*, qui était

alors appelé la *cité castillane*, fit don de l'un de ses palais confrontant
l'église *Saint-Laurent,* pour y en édifier une nouvelle. Le pape *Urbain II*
confirma ce fait par une bulle donnée à *Plaisance,* la huitième année de
son pontificat, en 1095, laquelle maintenait aussi toutes les anciennes
concessions et priviléges.

LE SIÉGE DE BURGOS DÉCLARÉ SUFFRAGANT DE CELUI DE ROME.

En 1097, le même souverain pontife, *Urbain II,* déclara, par une
nouvelle bulle, que le siége de Burgos serait désormais suffragant du
siége apostolique par des raisons à lui particulières et qu'il ne dépendrait
pas de celui de *Tarragone,* comme l'avait été celui d'Oca. Le pape
Pascal II, successeur d'*Urbain,* confirma cette immunité en disant qu'à
cause du grand amour que lui inspirait ce diocèse, il arrêtait que ses évêques ne reconnaîtraient que le pape pour leur métropolitain. Et depuis
cette concession toutes les bulles de grâce accordées par le saint siége à
celui de *Burgos* l'ont qualifié d'*immediato,* c'est-à-dire correspondant
sans intermédiaire.

LE SIÉGE DE BURGOS DÉCLARÉ MÉTROPOLITAIN. — SA SIGNIFICATION.

Métropole veut dire *ville mère.* Les colonies grecques donnaient ce
nom à la ville qui les avait établies. Chez les Romains, ce terme changea
de sens, et fut appliqué aux chefs-lieux des provinces, quelquefois même
aux principales cités impériales, mais toujours à celles désignées comme
résidences des proconsuls et des vicaires. On appelle également métropole
le chef-lieu d'une province ecclésiastique duquel dépend un plus ou moins
grand nombre de diocèses dénommés suffragants. L'archevêque résidant
à la métropole est qualifié *métropolitain,* et la principale église, *métropolitaine.*

A ce sujet, *saint Athanase* exprime ainsi son opinion : « Si Rome est
» la métropole de l'univers catholique, et plus particulièrement, en Italie,
» de la province romaine, cette même dénomination doit être donnée aux
» villes archiépiscopales, résidence de l'archevêque. »

La ville de Burgos étant, pour le civil, capitale de la Castille, réunissant dans son sein la cour, et le conseil suprême de ses rois, illustre déjà par son ancienneté, remarquable par son clergé, et par un grand nombre de familles nobles et puissantes, signalée par l'étendue de son territoire, ou diocèse, et surtout par son admirable piété, ne méritait-elle pas une juridiction supérieure sur d'autres diocèses? Le pape *Grégoire XIII* le reconnut, et par la raison qu'il voulait aussi se montrer facile aux instances du roi *don Philippe II*, il envoya des lettres apostoliques par lesquelles il déclarait l'église de Burgos métropolitaine, et son archevêque prélat métropolitain, avec droit au pallium et à la double croix archiépiscopale ; il lui accorda, en outre, tous les privilèges dont il pouvait disposer ; et afin de compléter tout ce qui devait constituer cette nouvelle province ecclésiastique, il désigna les cinq diocèses suffragants.

Réflexion. — Les Espagnols, mieux que les Français, font ressortir la différence qu'ils croient devoir exister entre les dénominations des diverses églises. Ainsi, une *basilique* est celle dédiée aux martyrs et aux saints ; une *métropole* est le chef-lieu de la province ecclésiastique ; une *cathédrale*, la première église d'un diocèse ; et ils disent, avec raison, que toute église métropolitaine est en même temps une cathédrale, mais non *vice versâ*.

ORIGINE ET SIGNIFICATION DU MOT CATHÉDRALE.

On lit dans le *Droit Canon* que « *cathédrale* est un mot grec qui veut
» dire *chaire*, et dont on se sert aujourd'hui pour désigner les siéges
» épiscopaux, c'est-à-dire la principale église d'un diocèse. Cathédrale
» tire son origine de la manière de s'asseoir dans les premières assemblées
» des chrétiens. L'évêque présidant au *presbyterium* avait à ses côtés
» les prêtres assis sur des chaises : on les appelait *assessores episcopo-*
» *rum ;* jugeant l'expression avec plus de fondement, d'autres disent
» qu'elle est passée de l'ancienne loi dans la nouvelle ; car les Juifs enten-
» daient par la chaire de *Moïse* l'endroit où se publiait la loi de Dieu.
» On continua d'appeler *cathedram* l'église épiscopale où le pasteur, assis
» comme un autre Moïse, annonçait l'Evangile à ses ouailles. Dans l'usage,
» on donne le nom de cathédrale à l'église d'un évêque et même d'un ar-
» chevêque, mais plus habituellement à celle-ci le nom de métropole.

» Quelquefois un évêque partage son siége en deux églises que, pour
» cette raison, on appelle *concathédrales*, telles sont, par exemple, les
» églises de *Sens* et d'*Auxerre*. »

Le *Dictionnaire de Théologie* dit aussi que le mot *cathédrale* signifie
aujourd'hui église épiscopale, siége d'un évêque. Dès l'origine de l'Eglise,
et pendant la célébration des saints mystères, l'évêque, réuni aux minis-
tres de la religion dans une partie de l'édifice appelé chœur, était assis
dans une *stalle, siége* ou *cathedra* plus élevé que les leurs, du haut duquel
il les présidait. C'est ainsi que *saint Jean*, dans l'Apocalypse, représente
une assemblée de chrétiens.

La cathédrale est, pour les fidèles, l'emblème et le symbole du chris-
tianisme. Les Espagnols disent *catedra,* les Italiens *duomo*.

De l'adoption de ce mot pour signifier *chaire* est venu l'usage de célé-
brer les fêtes de la chaire de *saint Pierre à Antioche* et à *Rome*, et
d'appeler église cathédrale, l'église ou l'assemblée principale à laquelle
l'évêque préside. Ce terme n'est usité, en Occident, que depuis le dixième
siècle. En Orient, on disait « la grande église. »

Les Espagnols qui ont écrit sur l'antiquité de leurs cathédrales ont pré-
tendu qu'ils en avaient qui dataient du temps des apôtres ; mais cette
prétention n'est fondée sur aucune preuve solide.

CHAPITRE IV.

Edification de la cathédrale de Burgos.

On est d'accord pour reconnaître que l'évêque *don Maurice*, favori du
roi *saint Ferdinand,* la fit construire partie sur l'emplacement de l'ancienne église Saint-Laurent, et partie sur le palais cédé par le souverain ;
mais ce qu'il y a d'étrange, c'est qu'on ignore quel est l'architecte qui en
a donné le plan. Les premiers travaux commencèrent le jour de Sainte-
Marguerite, 20 juillet 1221. Le roi, l'évêque et l'infant *don Antonio de
Molina* posèrent la première pierre. Pendant l'épiscopat de don Maurice,
on bâtit la totalité du premier corps, c'est-à-dire la première division en
hauteur. Deux cent vingt années d'abandon s'écoulèrent, et les travaux
ne furent repris qu'en 1441 par l'évêque don Alonzo de Cartagena ; con-

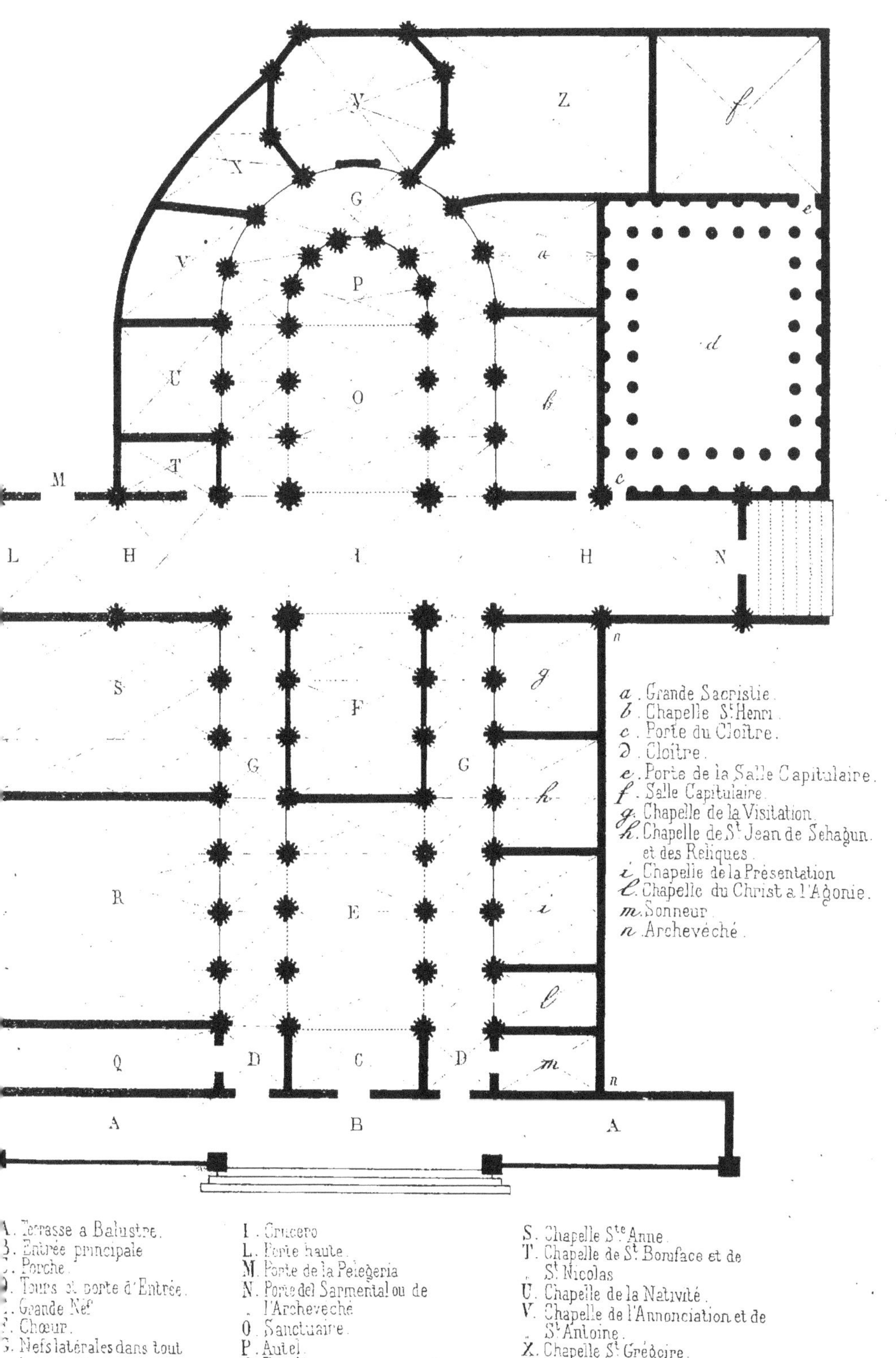
a. Grande Sacristie.
b. Chapelle St Henri.
c. Porte du Cloître.
d. Cloître.
e. Porte de la Salle Capitulaire.
f. Salle Capitulaire.
g. Chapelle de la Visitation.
h. Chapelle de St Jean de Sehagun et des Reliques.
i. Chapelle de la Présentation
l. Chapelle du Christ à l'Agonie.
m. Sonneur
n. Archevêché.
A. Terrasse à Balustre.
B. Entrée principale
C. Porche.
D. Tours et porte d'Entrée.
E. Grande Nef
F. Chœur.
G. Nefs latérales dans tout leur pourtour
I. Crucero
L. Porte haute.
M. Porte de la Pelegeria
N. Porte del Sarmental ou de l'Archevêché
O. Sanctuaire.
P. Autel
Q. Dépôt
S. Chapelle Ste Anne.
T. Chapelle de St Boniface et de St Nicolas
U. Chapelle de la Nativité.
V. Chapelle de l'Annonciation et de St Antoine.
X. Chapelle St Grégoire.

tinués et finis par son successeur, *don Louis Osorio* d'Acunha, leurs armes sont placées au sommet et à la base des deux tours.

Cet abandon de plus de deux siècles explique la différence des styles qui se remarquent à la façade et dans l'intérieur. Ainsi, le premier corps (première division), qui est des treizième et quatorzième siècles, apparaît solide et simple quoique déjà élégant. Les trois portes d'entrée du temple, de forme ogivale, furent ménagées dans l'épaisseur du mur et avec peu d'ornements, mais convenables à raison de l'époque. A partir de la ligne où commence le second corps, on reconnaît les arts au quinzième siècle ; les trumeaux ne sont plus unis, mais ornés de sveltes piliers, d'élégants arceaux en ogives, de doubles fenêtres, de délicats festons ; les courbes sont plus gracieuses, les angles plus aigus, les dessins ajourés plus fréquents. C'est à l'architecte allemand *Jean de Cologne*, emmené à Burgos par l'évêque *don Alonzo de Cartagena*, qu'est dû l'achèvement des deux magnifiques tours qui sont peut-être sans égales dans leur genre.

Combien grand était alors le génie des architectes, et aussi la magnificence des souverains, des prélats et des puissants seigneurs ! N'est-il pas juste encore de reconnaître l'habileté des ouvriers dirigés par les uns et par les autres, tous inspirés par le goût et pleins de persévérance ?

Quand on envisage les vastes entreprises de cette époque, qui, ne pouvant être terminées par celui que la mort appelait trop tôt, étaient continuées avec feu par son successeur, combien il est triste aujourd'hui d'être forcé de se dire qu'au lieu de tant prôner le progrès, c'est la décadence et le mauvais goût qui sont à l'ordre du jour, parce que la soif de l'or et l'inconstance ont pris la place des pensées généreuses, des nobles et grandes actions, des sentiments religieux et moraux ! Aussi, tout est futile et rien de stable.

DESCRIPTION DE LA CATHÉDRALE EXTÉRIEUREMENT.

En regard de l'église est une assez grande place au milieu de laquelle une fontaine, d'une médiocre valeur, alimente la population du quartier, et sert aussi de promenoir à de nombreux oisifs. Là les Burgalesiens passent et repassent indifféremment sans se douter qu'ils heurtent du coude l'une des merveilles du monde ; c'est à peine si quelques-uns songent à monter au sommet de la tour centrale pour admirer de ces hauteurs le sublime panorama qui embrasse un si pittoresque et si vaste horizon. Devant la façade de l'église, et dans toute son étendue, règne une terrasse assez étroite formée par un mur peu élevé que couronne une balustrade

Façade principale.

élégante ; un grand escalier divise la clôture en deux parties égales. La balustrade se compose aussi, de chaque côté, de quatre compartiments indiqués par des clochetons, dont six d'une même hauteur ; les deux qui encadrent l'escalier sont plus élevés et plus forts. De la terrasse pour monter à l'église il y a autant de marches qu'en comporte toute l'épaisseur du mur.

Le monument est, dans son ensemble comme dans ses détails, une œuvre éminemment artistique, que le regard ne peut se lasser d'admirer. Le premier corps de façade, dont le mur est dépourvu d'ornements, présente trois ouvertures ogivales qui donnent entrée dans l'église. Celle du milieu est beaucoup plus grande que les deux autres. Entre ces trois portes et aux deux tiers au-dessus du sol sont deux grandes niches en forme de fenêtres en ogive, et divisées par une colonne formant aussi deux arcatures ogivales surmontées dans leur milieu par une rosace. Les quatre places distinctes de ces deux niches ont reçu quatre statues aujourd'hui très-détériorées par le temps, et que la tradition dit représenter des enfants de Lara. Le tympan de la grande porte offre en relief l'Assomption de la Vierge, entourée d'une multitude d'anges et de saints ; celui de la porte à droite, la Conception ; et de la porte à gauche, le Couronnement.

Sur le premier corps ou première division s'élèvent les deux autres, bien différents du premier par leur ornementation, et que nous avons déjà dit être postérieurs de plus de deux siècles ; leur développement en largeur, compris les deux grosses tours, est le même que celui du premier corps, par conséquent les tours n'ont pas d'autre base, et c'est de là seulement qu'elles prennent leur forme et leur majesté ; c'est aussi de ce point que, jusqu'à leur sommet, elles mesurent 300 pieds de haut. Au premier aspect, on ne peut s'expliquer cette bizarrerie ; mais bientôt, avec la réflexion, on regrette qu'en reprenant la construction du monument, interrompue (on se le rappelle) pendant deux siècles et demi, l'architecte n'ait pas enveloppé les deux angles par un soubassement très en saillie qui se serait élevé jusqu'à la hauteur du premier corps, et qui, de la sorte, aurait donné aux tours une base plus naturelle qu'il aurait été si facile de décorer.

Le second corps de façade se distingue du premier par une galerie ou balustrade très-gracieusement sculptée et ajourée. Elle est divisée par onze pilastres, portant chacun une pyramide ou aiguille ; les angles des tours sont enveloppés, depuis la base, par deux forts tourillons accouplés, et qui, avec leur flèche, s'élèvent jusqu'au couronnement du troisième corps. La galerie du premier corps s'étend aussi sur la face des deux tours.

Dans toute l'étendue du second corps, c'est-à-dire d'une tour à l'autre, se dessine un grand arc ogival très-ornementé, au centre duquel une immense rosace porte dans l'église des rayons de lumière de toutes les couleurs. A la tour de gauche, et de la même hauteur que l'arc du second corps, un autre arc ogival occupe, entre les tourillons, toute la face. Il forme une grande fenêtre divisée par un meneau, lequel porte une rosace tréflée. L'arc de la tour de droite devait être jadis semblable à celui de gauche ; mais aujourd'hui il n'a plus que la moitié de son ouverture en contre-bas ; l'autre moitié supérieure est remplie par le cadran de l'horloge.

Une très-belle galerie couronne, entre les tourillons, le premier corps des faces des tours, mais ne se prolonge pas sur la façade de l'église ; une très-large corniche en tient lieu. Au-dessus de cette corniche, le troisième corps diffère beaucoup du second. Toute l'étendue du mur présente deux arcatures jumelles et ogivales, imitant deux très-grandes fenêtres accouplées et séparées par une colonne portant la statue de saint Jacques, laquelle remplit en saillie le nu de la muraille formé par les courbes des deux arcatures. La statue est surmontée d'un dais ajouré. Chacune de ces arcatures, étant divisée dans le bas par cinq colonnettes, produit dans le haut quatre arcs ogivaux surmontés de trois rosaces (une et deux). Dans le vide de ces huit divisions sont placées huit statues de jeunes hommes la tête couronnée ; mais on ignore qui ils représentent.

Ce troisième corps est terminé par une galerie faisant communiquer entre elles les deux tours, et d'une ornementation remarquable. Le couvert de cette galerie forme deux rangs de découpures superposés, du milieu desquels s'élève une niche en manière de chapelle, dans laquelle la sainte Vierge est assise tenant l'enfant Jésus sur ses genoux, et accotée de deux anges. Cette niche est couronnée d'un dais surmonté de trois aiguilles. La découpure la plus élevée du couvert imite une grande et très-riche crête. Dans la seconde, au-dessous et également riche, on lit, d'un côté, *pulchra es*, de l'autre, *et decora*.

La face des deux tours, à leur second corps, représente deux grandes niches ogivales et jumelles en forme de fenêtre, mais murées, et dans lesquelles sont, pour chacune, deux statues de grandeur naturelle. Ce second corps s'élève aussi haut que le troisième de la façade de l'église. Il n'est séparé du troisième corps des tours que par un cordon. Celles-ci donc possèdent un troisième corps, lequel comporte, à chacune de leurs quatre façades, une grande fenêtre qui, étant divisée par un meneau, forme deux arcs ogivaux ; elles sont encore séparées dans leur hauteur intérieure en deux parties égales. La plus élevée donne le jour, la plus basse forme deux niches ogivales dans lesquelles sont des statues de demi-grandeur. Ce troisième corps est terminé par une galerie qui porte trois statues sur chaque face. C'est sur lui que sont assises ces magnifiques flèches à jour que le moindre vent semblerait devoir détruire, et qui démontrent cependant une solidité à toute épreuve. Elles sont terminées à leur sommet par une très-élégante galerie, d'où s'élève encore une lanterne tout aussi élégante.

A la hauteur du premier corps de façade des tours, un troisième tourillon, plus fort que les deux autres, prend sa base au milieu d'eux, et s'élève, par sa pyramide ou flèche, jusque vers le milieu des grandes flèches des tours.

Depuis leur base jusqu'à leur flèche, tous ces tourillons sont contournés sur quatre rangs de hauteur par des statues portées sur des consoles, et couvertes d'un dais ; elles sont au nombre de soixante-deux. A la tour de droite, l'une de ces statues représente le Sauveur, et la découpure de la galerie produit l'inscription : *Pax vobis*. A la tour de gauche est la statue de saint Jean-Baptiste, et l'inscription de la galerie dit : *Ecce Agnus Dei*.

Aux galeries les plus élevées des tours on distingue parfaitement les chiffres de *Jésus* et de *Marie*, qui prouvent combien la foi et la piété étaient vives chez ceux qui fondèrent ce monument, puisqu'ils plaçaient à ses hauteurs les gloires de la Vierge et de son divin Fils.

La porte située à l'extrémité du bras droit de la croix est appelée *del Sarmental*, et aussi de l'*Archevêque*, parce qu'elle fait communiquer le palais archiépiscopal avec l'église. Son style doit être classé dans le gothique le plus riche. Soixante-quatre statues décorent le côté sud du monument, ainsi qu'une grande rosace dont les vitraux coloriés, se reflétant sur les dalles par un pur soleil, produisent une ravissante mosaïque. Avant l'explosion de la citadelle, en 1813, tous les vitraux des fenêtres étaient aussi remarquables que ceux de la rosace. Dans le nombre des statues, il en est sept plus grandes que les autres et qui représentent saint Pierre et saint Paul, apôtres; Aaron et Moïse; un évêque et deux autres personnages restés inconnus. L'évêque, placé sur une colonne, appelle l'attention, ainsi que les tables de la loi, tenues par Moïse, et sur lesquelles on lit : *Non habebis Deos alienos coram te. Honora patrem tuum et matrem tuam.*

Au second corps, et au centre d'un grand arc, est le Sauveur avec les quatre évangélistes à ses côtés, écrivant sur des pupitres; au-dessous sont les douze apôtres. Dans ce même arc, quarante-cinq autres statues représentent des anges, des séraphins et des bienheureux; les uns portent des candélabres, d'autres des encensoirs; il en est aussi qui, jouant de divers instruments, représentent la gloire céleste exprimée par ces paroles du royal prophète *David : Laudate Dominum in sanctis ejus; laudate eum in sono tubæ; laudate eum in psalterio et cithara.*

Au troisième corps de cette façade sud on distingue trois grandes fenêtres ornées d'une infinité de sculptures, et, dans les intervalles, dix-neuf statues, dont six placées dans des niches représentant des anges un encensoir dans les mains; les douze autres, portées sur des colonnes, tiennent des candélabres; la dix-neuvième est le *Sauveur.* Une galerie, qui règne dans toute l'étendue et en saillie du mur, porte dans son milieu une statue d'évêque, aux deux côtés de laquelle deux instrumentistes surmontent deux tourillons.

De ladite porte *del Sarmental*, on descend dans la rue de *la Paloma* (de la Colombe) par un grand escalier, au bas duquel est une seconde porte moins grande; au-dessus de l'arceau trois statues représentent les vertus théologales, entre lesquelles se dressent six pierres taillées en boule, portant les inscriptions suivantes : *Introite atria ejus; Laudate Dominum in virtutibus ejus; Dextera Domini fecit virtutes; Dextera Domini exaltavit nos; Laudate Dominum omnes virtutes ejus; Introite portas ejus.* Au-dessous de l'arceau, deux médaillons de *saint Pierre* et de *saint Paul* apparaissent, mais détériorés. Aux deux côtés de l'escalier se voient trois sépulcres dans des niches ogivales : le premier est placé dans un angle orné de deux clochetons sur le côté , de deux anges et de sept tours ou châteaux , ainsi coordonnés : trois au sarcophage, un au-dessus de l'arceau , deux dans le centre de ce même arceau , et deux dans les broderies du suaire. Au-dessous est représenté le mystère de l'Annonciation , ayant une inscription en écriture gothique entre la *Vierge* et *l'ange Gabriel*, laquelle dit : Ici repose *Pierre de Diego , de Penafiel , archidiacre de Trevino, attaché à l'église de Burgos, décédé dans l'année 1571, le samedi 5 du mois de juin. Un Pater pour lui.* Dans le ceintre de l'arceau du second sépulcre un ange terrasse un dragon ; au-dessous , un second ange tient en main des balances ; à sa droite sont deux autres anges portant des âmes , et , à sa gauche , une chaudière sur un feu très-ardent , dans laquelle grimacent plusieurs figures humaines.

En face du premier sépulcre est le troisième semé de tours ; une seule a été conservée au centre de l'arceau ; les autres ont dû faire place à une fenêtre reconnue nécessaire pour éclairer le passage qui conduit au palais de l'archevêque.

PORTE HAUTE.

Du côté opposé et correspondant à la porte *del Sarmental* est celle appelée *Alta* (haute), et que l'on nomme aussi *de la Coroneria*. A droite de ladite porte on en voit une plus petite donnant accès à une chapelle dédiée à la Vierge, et fermée par une grille ; celle-ci porte le nom d'*Alegria* (réjouissance). Cette partie ou façade nord de l'édifice forme aussi trois corps : le premier, divisé de chaque côté par des colonnes avec arcatures, contient dans les intervalles les statues des douze apôtres ; l'arceau de la porte est de toute beauté. Au-dessus on a représenté, en relief , une église avec son clocher ; et , de chaque côté , deux personnages , *saint Dominique de Gusman* et *saint François d'Assise* , offrant au roi de Castille la bulle du souverain pontife qui autorise la fondation des deux ordres qui furent appelés *Dominicains* et *Franciscains*.

Dans le tympan de la porte, Jésus-Christ est assis, ayant à sa droite et à sa gauche un homme les bras élevés vers le ciel ; au second plan , deux anges, dont l'un tient à deux mains une lance ; l'autre embrasse une colonne sous son bras droit et agite un fouet de la main gauche. Au-dessus de la tête du Sauveur, quatre anges soutiennent en l'air la partie supérieure d'une croix, et deux autres la partie inférieure à l'aide d'une lanière; au bas, mais seulement jusqu'à mi-corps, sont plusieurs figures des deux sexes, et des diables provoquant et attaquant sans cesse le genre humain pendant que des saints prient pour lui; de chaque côté du grand arc supérieur de la porte est une fenêtre divisée en trois arcs aboutés.

Au second corps, on ne voit, dans le milieu du mur, qu'une très-grande fenêtre en trois divisions, ornementée dans le style de l'époque.

Dans le troisième, il y a trois fenêtres formant chacune quatre divisions, et tous les meneaux qui les séparent sont autant de statues. Les quatre arcatures ogivales se réunissent au sommet pour n'en former que deux, et au-dessus de celles-ci est une rosace. Les fortes colonnes qui séparent ces fenêtres ont des niches dans lesquelles des anges tiennent dans leurs mains un encensoir; au-dessus de ces colonnes sont des statues couronnées; mais nous ignorons ce qu'elles représentent.

La belle galerie ou balustrade qui termine ce troisième corps est surmontée dans son milieu de la statue d'un roi de Castille (sans doute), et, à ses extrémités, par un tourillon au-dessus duquel sont deux figures restées inconnues.

Au côté nord de l'église et à l'extrémité du bras gauche de la croix est cette *puerta Alta*, que l'on ne peut détailler sans y comprendre aussi la description du sépulcre de *don Bernardino Gutieres* et de sa famille; car leur disposition est telle qu'ils semblent ne former qu'un seul tout, mais de construction moderne, c'est-à-dire du seizième siècle, époque de la restauration des arts à Burgos, et classée comme la plus belle production architectonique et de sculpture, mais dont l'auteur est resté ignoré. Cette description sera donnée plus loin, lors du classement des chapelles et de tout ce qui a rapport à l'intérieur du monument. Continuons donc l'étude de l'extérieur.

PUERTA DE LA PELLEGERIA.

A gauche de la *puerta Alta* est celle appelée *de la Pellegeria* (de la Pelleterie, parce que anciennement la rue qui lui est adjacente portait cette dénomination). Cette porte est somptueuse par l'innombrable quantité de capricieux ornements qui la couvrent; son style est de la renaissance appelée de fantaisie. Elle est divisée en trois corps, celui du milieu très-différent des deux de côté; sur ceux-ci on distingue quatre niches, dans lesquelles sont les statues de *saint Jean-Baptiste*, de *saint Jean l'Evangéliste*, de *saint Jacques* et de *saint André*, apôtres. Dans le tympan de la porte sont encore six statues surmontées chacune de leur dais, mais bien frustes.

Au second corps de la division du milieu et entre des pilastres, on a représenté, en relief, le martyre des deux *saints Jean*. — Dans le corps au-dessus, et en relief, on voit la *sainte Vierge* tenant l'*enfant Jésus* dans ses bras; à ses pieds, un évêque à genoux et des anges jouant de divers instruments; sur les côtés, *saint Pierre* et *saint Paul*, apôtres; enfin, et pour couronnement, les armoiries de l'illustrissime seigneur *don Juan Rodriguez de Fonseca*, qui fit les frais de cette magnifique porte.

CHAPELLE DU CONNÉTABLE.

Les autres ornements extérieurs de la cathédrale sont le *Crucero* et la chapelle du *Connétable*. Celle-ci, d'une forme hexagone, est surmontée, à chacun de ses angles extérieurs, d'une tourelle s'élevant bien plus que le couvercle, et toutes également ornées de feuillages, d'animaux grimpants, et de trente-deux statues de grandeur naturelle, surmontées de dais très-délicatement sculptés, lesquels ont au-dessus d'eux des anges portant des banderolles. Ces statues représentent les apôtres, les évangélistes, les docteurs de l'Eglise et autres saints et saintes.

Autour du couvert règne une galerie surmontée d'aiguilles qui, intercalées avec les tourillons placés dans les angles, produisent un ravissant effet. La principale façade des trois en saillie est couverte des plus gracieuses ornementations. Elle forme quatre divisions en hauteur, non compris le corps inférieur. Dans la première est une fenêtre; dans la seconde, un grand écusson soutenu par deux guerriers; dans la troisième, deux fenêtres jumelles; dans la quatrième, une autre fenêtre ayant de chaque côté deux lions portant une couronne de laurier, au milieu de l'une est une croix latine, dans l'autre une croix de saint André. A cette même façade, et de chaque côté de la fenêtre de la première division sont trois statues : à droite, l'ange saluant la Vierge, et saint Jean l'Evangéliste ; à gauche, saint André, saint Bartholomé et saint Jean-Baptiste. A la façade gauche est une tourelle pyramidale et à jour, couverte d'ornements, de statues, et terminée par un ange tenant une croix en fer. Dans cette tourelle est l'escalier en spirale qui, de la sacristie, conduit à la galerie supérieure contournant l'extérieur de la chapelle.

POURTOUR DE L'ÉGLISE.

Toutes les faces extérieures de l'église, c'est-à-dire tout son pourtour, est décoré avec la plus grande profusion de statues de saints, de guerriers et d'anges portant des boucliers. Sur ceux des premiers, on reconnaît les armoiries du fondateur ; sur ceux des seconds est écrit le nom de *Jésus*. On y voit aussi des lions tenant des couronnes de laurier. Au milieu des unes est répété le nom de Jésus ; au milieu des autres est une croix potencée.

On ne saurait assez admirer l'ordre, la force, ainsi que l'élégance des arcs extérieurs des deux nefs, lesquels servent de contreforts à l'édifice et aussi de conduite pour l'écoulement des eaux de pluie. Ils s'élèvent jusqu'à la toiture, tout autour de laquelle règne un acrotère ou galerie à jour sur lequel s'élèvent vingt-trois statues de grandeur naturelle et huit tourillons. Vingt-deux de ces statues, représentant des anges, entourent la grande nef ; les tourillons et une seule statue, la petite nef.

CHAPITRE V.

Le Crucero.

L'ancien Crucero, bâti en briques, devait être d'une grande beauté, puisque l'acte ou procès-verbal dressé par le chapitre, le 4 mars 1539, dit « que, la nuit précédente, la ville et surtout l'église firent une très-» grande perte par la chute du grand Crucero, qui était un somptueux » édifice et qui semblait irréparable. »

La fabrique , justement effrayée de l'énorme dépense que nécessiterait la reconstruction , eut recours au souverain pontife *Paul III,* qui accorda grand nombre d'indulgences à tous ceux qui participeraient à l'enlèvement des matériaux, et à ceux qui, par leurs mains ou par leurs offrandes, viendraient en aide à sa réédification.

Tous les habitants de Burgos, envisageant cette ruine comme étant particulière à chacun d'eux , s'employèrent d'abord à déblayer et puis à reconstruire, ce qui rendit le chapitre si reconnaissant, qu'il voulut, dans sa toute autorité , que les armes de la ville fussent placées sous la galerie du nouveau monument , ainsi qu'on les voit aujourd'hui, et à côté de celles de l'empereur *Charles-Quint* ; il voulut encore que celles de l'illustre et éminentissime prélat *don Fray Juan Alvarez de Toledo* , et de *dona Isabel de Zuniga,* duchesse d'*Albe,* fussent placées sur les piliers du Crucero en regard du sanctuaire , comme une preuve de leur grande générosité dans cette circonstance , et de leur admirable piété.

Le déblaiement fut si vite effectué que la réédification put être entreprise dans le cours de la même année 1539, et, en 1544, les quatre piliers de soutenement étant à moitié de leur élévation , on détermina , par deux fortes consoles, la place qui , du côté du chœur , était destinée à l'orgue. En 1550, les quatre piliers et les quatre arceaux qui les surmontent étaient terminés. Enfin , le 4 décembre 1567, cette œuvre sublime était couronnée d'un complet succès. Les entrepreneurs furent *Juan Castagneda* et *Juan Vallejo,* l'un et l'autre citoyens de Burgos, sous la direction et d'après les plans de maître *Philippe* , Bourguignon de naissance , un des plus célèbres architectes et sculpteurs appelés en Espagne par l'empereur Charles-Quint.

Le Crucero mesure en hauteur plus d'un tiers que le dôme de la chapelle du Connétable ; il est divisé en trois corps, chacun surmonté et contourné par une très-gracieuse galerie à jour, très-saillante. La plus élevée, que nous appellerons la troisième, a, dans chacun de ses huit angles, qui forment un octogone, un tourillon partant de la base du monument et se prolongeant en manière de pyramide et d'aiguille très au-dessus de la coupole, laquelle est sommée d'un ange tenant dans ses mains une croix en fer.

Ces trois corps et galerie resplendissent d'ornementations : ainsi, vingt-quatre bustes , entourés de fruits , de fleurs et de feuillage, vingt-quatre statues de grandeur naturelle, vingt-quatre cariatides et quarante petites pyramides ou aiguilles , dont huit sur la troisième galerie intercalées avec les flèches des huit tourillons, seize sur la seconde et seize sur la première. Dans le milieu des huit faces de la première galerie est une statue de grandeur naturelle représentant le *Sauveur*, l'*Ange gardien*, *saint Jacques*, *saint Nicolas*, *sainte Barbe*, et trois rois de Castille , que l'on dit être *saint Ferdinand* (1), *don Alphonse VI* et *don Alphonse VIII*.

Les huit faces de ce premier corps au-dessous de la galerie sont ornées par les vingt-quatre bustes plus haut signalés, ainsi que par des fruits, fleurs et feuillages. Sur le socle de l'un de ces bustes on lit : *Portrait du Cid*. Chaque face du second corps est occupée par une grande fenêtre ogivale qu'un meneau ou colonnette divise en deux parties et qui surmonte une rosace. De chaque côté de la fenêtre est une colonne cannelée portant une cariatide ; sur la pointe de l'ogive, un grand mascaron ; dans le corps des tourillons de chacun des angles de l'octogone est creusée une niche avec dais en saillies, dans laquelle sont les statues de *sainte Casilde*, de *sainte Madeleine*, de *sainte Julienne* et de *sainte Marie Egyptienne*. Nous ignorons le nom des quatre autres.

Les huit façades du troisième corps sont également occupées par une fenêtre, toute semblable à celles de l'étage inférieur ; et les niches creusées dans les tourillons ont reçu des cariatides. Nous ne voulons pas oublier de dire que chacune des trois galeries contourne les tourillons.

Les quatre piliers ronds qui servent de contrefort à cette tour ou Crucero et assis en avant des quatre principaux tourillons sont, comme eux , terminés en pyramide, mais ne s'élèvent pas plus haut que la galerie du

---

(1) Sur l'épaule du buste de saint Ferdinand , on lit : « Pendant le règne de Sa Majesté Ferdinand VII , année 1816 , a été refait ce buste et cette partie de galerie ou balustrade , puis replacés en présence des fabriciens et du licencié le seigneur *don Eugenio Gomez Alfaro*, chanoine. » Lorsque, le 13 juin 1813, les Français assiégeaient la citadelle, un éclat de bombe mit toute cette partie en pièces. Ce fut le plus grand dommage que reçut l'église au point de vue matériel , et cependant plus de 15,000 livres de fer et de pierre lancées du château tombèrent sur elle. Il est dit en espagnol 600 arrobas : l'arroba représente 25 livres de France.

troisième corps. Les quatre flèches reposent sur un chapiteau qui couronne chacun des quatre piliers, dont le corps a été creusé pour former six niches, et recevoir, par conséquent, vingt-quatre statues ; mais on n'en voit encore que deux : celles de saint Philippe et de saint Jacques, apôtres. Nous ignorons à quels saints ou saintes sont réservées les autres.

Le poids du Crucero repose sur les quatre triangles formés par les quatre arcs qui se réunissent à la clé de voûte.

Tout cet ensemble est d'une si grande majesté et magnificence qu'en le voyant l'empereur Charles-Quint enthousiasmé exprima ainsi son jugement : « Si les joailliers enferment dans des écrins les plus précieux
» bijoux, par la même raison ce monument devrait être recouvert d'un
» voile pour ne pas être constamment exposé aux regards du public et aux
» injures du temps, mais se fit désirer et montrer seulement les jours de
» grande solennité. »

Avec plus d'enthousiasme encore, Philippe II s'écria : « Non, un tel
» chef-d'œuvre ne peut provenir de la main des hommes, mais seulement
» de celle des anges. »

CHAPITRE VI.

Description de la cathédrale intérieurement.

En entrant dans cette basilique, on reste ébahi à l'aspect de son immense vaisseau, bien davantage encore quand le regard a pu embrasser son prodigieux décor. Alors aussi on se demande par où il est préférable d'en commencer la visite ; mais on admire encore longtemps avant de se décider. Pour ce qui nous est personnel, notre position était si différente, en souvenir de ce que nous avions souffert pendant toute la durée de l'étude extérieure, que nous n'hésitâmes pas à prendre immédiatement possession du grand chœur paroissial, et à nous prélasser dans ses diverses stalles ; là une plus agréable atmosphère nous était assurée ; car qui ne sait que ces grandes églises, où les rayons du soleil ne pénètrent jamais, sont les localités qui promettent le plus de fraîcheur. Et si le chrétien, mû par un sentiment religieux, y va demander à Dieu et aux saints qui les habitent un adoucissement aux peines de l'âme, il y goûte tou-

jours aussi du bien-être pour son corps; mais en Espagne il ne peut
en jouir que debout et appuyé contre le mur, ou bien en s'asseyant
sur les dalles nues, puisque dans ses sanctuaires il n'y a ni chaises ni
bancs.

Vue intérieure de la cathédrale de Burgos.

Pouvions-nous dès lors mieux faire (comme il a été déjà dit) que de
nous établir tous les jours dans des stalles d'où nous pouvions contem-
pler bien à l'aise les magnificences qui, en foule, absorbaient notre vue?
Il nous était également facile de porter notre contemplation dans l'inté-

rieur des chapelles , qui , semblables à de grandes églises , possédaient aussi presque toutes un chœur et des stalles (1). Ainsi , grâce à la tolérance de MM. les chanoines , nous étions devenu l'unique familier du chapitre , disons mieux , comme un autre chanoine. Ils comprenaient si bien quel était notre but , que , même en changeant de chœur , selon la fête du jour pour l'église , une place à leur côté nous était toujours réservée. Après leur office , psalmodié ou chanté d'une manière peu harmonieuse , mais , au contraire , très-endormante , ils avaient l'obligeance de nous renseigner sur des sujets que , sans eux , il nous aurait été impossible de signaler ici : par exemple , le nom des chapelles , celui de leur fondateur , la dédicace des mausolées dépourvus d'inscriptions , la signification symbolique de plusieurs sculptures , etc., etc. Par leur secours enfin nous croyons être parvenu à décrire toutes ou presque toutes les parties de ce prodigieux monument.

Après avoir dit que la forme de l'église est une croix latine composée de deux nefs; que celle qui s'étend de la porte principale à l'entrée de la chapelle du Connétable, mesure 300 pieds, et que celle qui de la porte Haute se prolonge jusqu'à celle appelée *del Sarmental* en mesure 212 , nous commencerons la description par le point de réunion des nefs.

LE CRUCERO.

L'intérieur du Crucero n'est pas moins remarquable que son extérieur. Là on peut mieux juger la force des quatre piliers qui le portent. Là encore leur hauteur forme quatre divisions. Dans la première, qui est octogone, on voit seize sujets en demi-relief, représentant : la Prudence ,

(1) Pour mieux faire connaître la grandeur des chapelles, nous dirons ici que quand, après la prise du Trocadéro , de Cadix et de l'Ile de Léon , l'Espagne apprit la délivrance de son roi , elle voulut en témoigner au ciel sa reconnaissance par de solennelles fêtes religieuses dans toutes les églises. Dans la cathédrale de Burgos, elles furent encore peut-être plus solennelles , parce que les huit mille hommes de troupes françaises qui y étaient cantonnés y prirent part. Chaque régiment occupait une des chapelles pendant toute la durée du service divin et dans un silence si profond, qu'avant l'arrivée des états-majors , de l'autorité municipale et de la population , on aurait pu supposer l'église déserte. De la sorte le chœur et toutes les nefs purent donner accès à tous les habitants de la cité et des communes circonvoisines.

la Justice, la Force, la Tempérance, la Religion, la Chasteté, la Prière et la Charité ; puis Moïse, Jonas, Daniel, Baruch, David, Jérémie, Ezéchiel et Esaïe.

Ces mêmes prophètes sont aussi placés au-dessous de la seconde galerie, ainsi que cela sera dit plus loin. L'ornementation de la frise est composée de griffes de lion, intercalées avec de petits anges qui tiennent des corbeilles de fleurs, les attributs de la Passion et ceux de la mort ; l'un caresse un petit chien, un autre donne du cor ; celui-ci place un doigt sur sa bouche pour commander le silence; ceux-là ont l'air de vouloir soutenir les piliers. Dans la seconde division, qui est de forme circulaire, on a placé les armoiries de l'excellentissime don Alvarez de Tolède et celles de la sainte Eglise.

A la troisième et à la quatrième se trouvent vingt statues de grandeur naturelle et un cartouche à chacun des quatre côtés : deux sont vides, mais dans les deux autres on lit : *anno 1541.* Ces vingt statues, représentant les apôtres, les évangélistes, les docteurs de l'Eglise, et aussi saint Jean-Baptiste, sont placées sur autant de consoles ou supports. De la corniche du quatrième corps pendent plusieurs guirlandes de fruits; et au point d'où s'élèvent les quatre arcs principaux, qui forment une voûte couverte d'ornement, il y a quatre anges portant chacun un cartouche. Sur les deux places du côté de l'évangile et de l'épitre, on lit : *anno Domini 1550,* et sur les deux autres : *anno mundi 6749.* A la base des quatre autres arcs, également ornés, quatre personnages de grandeur naturelle semblent s'efforcer de soutenir la voûte. Au-dessus sont quatre aigles, et sur ceux-ci quatre coquilles qui servent de niche à quatre bustes d'entier relief. Sur les deux galeries ou balustrades sont implantées trente-deux aiguilles. Au-dessous, on remarque les armes de l'empereur Charles-Quint, celles de l'éminentissime seigneur Alvarez de Tolède, et celles de la ville, ainsi que l'apothéose de la très-sainte Vierge, et les images de *sainte Centule* et de *sainte Hélène.* Aux huit angles, on voit des séraphins de grandeur naturelle, tenant dans leurs mains des bannières aux armes de la sainte Eglise, autour desquelles on lit le verset : *In medio Templi tui, laudabo te, et gloriam tribuam nomini tuo, qui facis mirabilia.* Au-dessous de la seconde galerie sont les huit fenêtres, ornées de la même manière que du côté extérieur, et, aux huit angles, la répétition des huit statues demi-colossales des prophètes, dont il a été plus haut parlé (1).

Les autres huit fenêtres qui se rapprochent de la voûte conservent le même ordre, c'est-à-dire qu'elles sont ornementées semblablement au côté extérieur ; par conséquent, au-dessus d'elle et en grand relief sont les huit médaillons ou mascarons. La voûte est chargée de moulures qui, en se croisant, forment une étoile, et, à chaque clé, un pendentif ; mais à celle du milieu, qui ressemble à un plateau, on lit : *Il fut terminé par les soins de la fabrique, l'an 1567.* Son élévation, depuis le carrellement jusqu'à la coupole, est de 180 pieds.

DESCRIPTION DU PRINCIPAL AUTEL.

De tous les trésors artistiques réunis dans cette église, le maître-autel est un des plus importants. Le rétable, qui concentre à lui seul toute l'ornementation, est immense, dans de très-harmonieuses proportions, peuplé de très-élégants reliefs représentant les mystères de la Vierge, et des statues d'apôtres, ainsi que de plusieurs autres saints. Son architecture, de l'époque de la Renaissance, comprend les trois ordres dorique, ionique et corinthien.

Réflexion. — Le détail de cette vaste conception, que j'ai eu la patience de relater ici, serait trop long à entendre : de tels sujets réservent tout leur mérite pour le regard du spectateur. La description, toujours difficile à saisir, fatigue l'auditeur et devient monotone. On peut donc s'abstenir de lire ou d'écouter ce qui suit, et reprendre à la page 41 la suite de cette monographie.

Le rétable du maître-autel forme trois corps superposés. Au premier, et en commençant du côté de l'évangile, sont placés dans l'ordre suivant : *saint Barnabé*, apôtre, la *présentation de la sainte Vierge*, *saint Pierre*, sous les pieds duquel on lit : *Super hanc Petram œdificabo Ecclesiam meam ; Fides sine operibus mortua est ; Spes impiorum peribit ;* puis *saint Paul*, et à ses pieds : *Vas electionis factus est mihi,*

---

(1) Sur les tables de la loi portées par Moïse, on lit : *Deus tuus unus est diliges proximum tuum sicut te ipsum.*

justitia ante eum ambulabit, charitas non quœrit quœ sua sunt ; la *purification de la Vierge, saint Philippe*, apôtre. Autour des huit colonnes serpentent, comme le lierre autour des arbres, plusieurs sortes de plantes enlacées avec des figures qui représentent des saints martyrs, confesseurs, docteurs, abbés, etc.

Le tabernacle, d'une splendeur extraordinaire, est surmonté d'un très-riche pavillon soutenu par des anges, et dont les draperies sont relevées de la manière la plus gracieuse. Ce tabernacle est divisé en trois corps : le premier et le second contiennent douze colonnes isolées, et dans les intervalles dix sujets en relief de l'Ancien et du Nouveau Testament. Le premier du premier corps représente *Melchisédech* offrant à *Abraham* du pain et du vin, et qui, en le bénissant, lui dit : *Soyez béni du Dieu puissant, créateur du ciel et de la terre.* Le second sujet est une abondante pluie de manne que les Israëlites recueillent les uns en plus grande quantité que les autres, mais tous en raison de leur besoin. Le troisième est la porte du Tabernacle, ayant dans son milieu un ovale fermé avec un verre et une grille ; aux quatre angles, les quatre évangélistes, et au-dessous, ces paroles de *Jacob : Vere est Dominus in loco sancto isto.* Dans le quatrième, *David*, fuyant, va à *Nobé*, et, pressé par la faim, mange les pains sanctifiés que lui donne *Achimélec.* L'inscription au-dessous dit : *Si mundi sunt, manducent.* Dans le cinquième, *Elie*, effrayé des menaces de *Jézabel*, se retire sur le mont *Horeb*, où il s'est endormi à l'ombre d'un génevrier ; mais un ange l'éveille en lui disant : *Surge et concede.* Telles sont les paroles écrites au-dessous. Le premier sujet du second corps représente le *Sauveur* au jardin des Olives. Dans le second, *Judas*, donnant un baiser à son Maître, le livre aux Juifs par ce signe convenu. Dans le troisième, *Jésus* fait la Cène avec ses disciples. Dans le quatrième, *Jésus* est présenté au peuple par *Pilate*, et dans le cinquième, *Jésus* porte sa croix.

Dans le troisième corps, six colonnes, surmontées de six arceaux, représentent une chapelle, dans laquelle le *Sauveur* est attaché à la colonne. Sur la partie du corps inférieur de ce tabernacle est écrit : *Ex altari tuo Christum sumimus in quem cor et caro nostra exultant.* Dans l'intérieur du tabernacle : *Caro enim mea vere est cibus, et sanguis meus vere est potus.* Sur la frise des piédestaux les plus rapprochés du maître autel : *Probet autem seipsum homo, et sic de pane isto edat et de calice bibat.* Sur les deux cartouches tenus par *Isaïe* et par *David* on lit : *Quia apud Dominum misericordia et copiosa apud eum redemptio. Vere tu es Deus absconditus.* Sur la face de ces mêmes piédestaux est le martyre de *sainte Victoire,* de *sainte Centule* et de *sainte Hélène.* Dans l'intérieur, les corps de ces saintes sont enchâssés et rendus visibles par de petits médaillons ovales, à travers un verre, autour desquels on lit : *Victoria hoc victrix mundi. Centolam atque Helenam duas hæc contegit urna.* Du côté de l'évangile et de l'épître, on voit aussi des sujets de l'Ancien Testament intercalés avec ceux du Nouveau, et au-dessous desquels on lit les versets suivants : *Cui minus dimittitur, minus diligit. Dimissa sunt ei peccata multa* (1).

Dona mihi animam meam pro qua rogo, et populum meum pro quo obsecro. Vide te, Domine, quasi angelum Dei, et conturbatur est cor meum pro timore gloriæ tuæ (2).

Reliquit me solam ministrare Martha, Martha sollicita es (3), *tu gloria Jerusalem, tu lætitia Israel, tu honorificentia populi nostri. Quia fecisti viriliter, et confortatum est cor tuum eo quod castitatem amaveris* (4).

Au second corps, il y a huit colonnes ornementées de la même manière que celles du premier corps ; mais les statues représentent d'autres saints et des sujets différents ; ainsi : *saint Barthélemy,* la *Nativité de la Vierge, saint Jean l'évangéliste, sainte Marie Majeure, saint Jacques le Majeur,* la *Visitation de la Vierge* et *saint Jacques le Mineur.*

Au troisième corps sont : *saint Judas-Thadée;* les *Fiançailles de saint Joachim ; saint André,* apôtre ; l'*Assomption ; saint Thomas,* apôtre ; l'*Annonciation de la Vierge; saint Simon,* apôtre. Au-dessus sont placés la *Vierge portant l'enfant Jésus, sainte Elisabeth, saint Matthieu,* évangéliste, le *Couronnement de la Vierge, saint Jean-Baptiste* et *la sainte Famille.*

---

(1) Madeleine aux pieds du Sauveur.

(2) *Esther* en présence du roi *Assuérus.*

(3) Le *Sauveur* dans la maison de *Marthe* et de *Marie.*

(4) *Judith* coupant la tête d'*Holopherne.*

Pour final, et comme formant un quatrième corps, ou quatrième division, on a placé *saint Luc*, évangéliste, *l'archange saint Michel*, la *Vierge des Douleurs*, le *Crucifiement, saint Jean*, apôtre et évangéliste, *l'ange Gabriel*, et *saint Marc*.

Les entrepreneurs de ce retable étaient *Rodrigo del Haya* et son frère *Martin*, pour le prix de quarante mille ducats. *Juan de Urbina*, habitant de Madrid, fut chargé de le peindre, et *Gregorio Martinez*, habitant de Valladolid, de le dorer pour le prix de onze mille ducats. Commencé dans l'année 1577, l'illustre seigneur *don Cristobal Vela* voulut faire don de cette somme. Les ouvriers sculpteurs livrèrent le travail l'année 1593. Le peintre et le doreur terminèrent le leur avec un éclatant succès dans l'année 1596. La balustrade du sanctuaire, le corps de l'autel et le carrellement sont en jaspe, sans autre ornement que les armes du seigneur de Vela et celles de l'Eglise, en manière de mosaïque.

Du côté de l'évangile, il y a deux niches sépulcrales, dans l'une desquelles est inhumé l'infant *don Juan*, fils du roi *Alphonse le Sage* ; dans l'autre, le comte *don Sanche*, et sa femme *dona Béatrix* (Cette partie de l'église est réservée aux sépultures royales). Les deux princes sont couverts de leur armure et la main posée sur la garde de leur épée. Une simple épitaphe fait connaître que, dans la seconde, repose *Béatrix*, fille de *don Pedro de Portugal*, décédée l'an 1581.

On monte au sanctuaire par neuf degrés alternés de marbre blanc et de jaspe. Sur les petits murs de côté, formant aussi six échelons, sont implantés six candélabres d'argent artistement ciselés. Les murs de ce sanctuaire sont couverts de tableaux en relief d'un travail si délicat, qu'il semble surpasser les forces humaines. Ils représentent cinq sujets de la Passion du Sauveur. Ainsi : le Jardin des Olives, Jésus portant la Croix, le Crucifiement, la Descente de Croix et l'Ascension. Chacun de ces tableaux ou cadres est surmonté d'un dais et d'une aiguille. Au-dessous, et formant un second corps, on a placé les quatre docteurs de l'Eglise : *saint Augustin, saint Jérôme, saint Grégoire* et *saint Ambroise*. Puis les apôtres *saint Jacques, saint Pierre, saint André, saint Jacques le Mineur, saint Simon, saint Jean, saint Thadée, saint Paul, saint Philippe, saint Barnabé, saint Matthieu* et *saint Barthélemy*. Viennent ensuite les quatre évangélistes : *saint Jean, saint Marc, saint Luc* et *saint Matthieu.* Sur les piliers sont les statues des prophètes, de grandeur naturelle, tenant dans leurs mains des banderolles (1).

Le premier et le second de ces tableaux furent faits aux frais de l'illustre seigneur *Enrique de Peralta y Cardenas.* Les autres, aux frais de l'illustre seigneur *Francisco Manso y Zuniga*, tous les deux archevêques de Burgos.

Du côté opposé à ces mêmes piliers sont les statues, de grandeur naturelle, de *saint Etienne, saint Lesmes, saint Dominique de la Calzada, saint Vincent, saint Jean de Ortega, saint Victor, saint Julien, saint Chelidoine, saint Emétère, saint Jean de Sahagun, sainte Hermenegilde, saint Ferdinand, sainte Ursule, sainte Victoire, saint Ignace, sainte Thècle, sainte Julienne, sainte Centule, sainte Casilde* et *sainte Catherine.* Tous, saints et saintes, sont sur des consoles et au-dessous de dais travaillés dans la plus grande perfection. Entre les piliers de la grande nef, trois grilles en fer, de chaque côté, en forment la clôture ; elles sont implantées dans des murs en jaspe et surmontées des armes de l'Eglise et de celles du seigneur Peralta, qui en fut le donateur. Les deux grilles qui séparent le Crucero des deux nefs transversales sont en bronze et furent données en même temps que les deux chaires par l'illustre seigneur *don Manuel de Navarrette*, archevêque de Burgos. Elles sont surmontées des armes du prélat et de celles de la sainte Eglise ; enfin, au sommet de l'une d'elles est la statue de *saint Roch*, de grandeur naturelle, et, au sommet de l'autre, la statue de *saint Christophe.*

CHAPITRE VII.

Description du chœur et de l'arrière-chœur.

Cette partie de l'église est d'une très-grande majesté ; elle contient cent trois stalles en bois de noyer, sculptées avec la plus délicate recherche ; elles sont divisées en hautes et basses ; les plus élevées sont au nombre

(1) Pour établir ces divers cadres, on dut enlever quelques mausolées, et dans le nombre celui de *don Pedro Fernand de Frias*, archidiacre de Burgos, cardinal et évêque d'*Osma* et de *Cuença.*

de cinquante-neuf, et les plus basses de quarante-quatre. Les dossiers des premières, séparées par de fines colonnes, représentent les sujets du Nouveau Testament depuis l'Annonciation jusqu'à la Résurrection, et l'apparition de Jésus-Christ à ses disciples. Le couronnement est surmonté d'un très-grand nombre de statuettes intercalées avec des sujets de l'ancienne loi commençant à la Création. Les stalles inférieures sont également ornées par la représentation de plusieurs mystères de la vie du Sauveur et le martyre de plusieurs saints, le tout en beau relief et d'un travail admirable. L'arrière-chœur était réuni au maître-autel dont il vient d'être parlé. Ce fut l'illustrissime frère *Pascal de la Fuente de Ampudia* qui le fit éloigner jusqu'au point qu'il occupe aujourd'hui, afin de laisser un libre passage ; car alors les prélats n'occupaient pas une stalle plus élevée que les autres, mais ils prenaient la première du même côté que le doyen du chapitre. Plus tard, l'illustrissime *don Cristobal Vela* demanda l'agrément audit chapitre de faire placer la stalle du siége archiépiscopal au milieu du chœur tel qu'il est aujourd'hui ; il ne put l'obtenir, et fut obligé de conserver sa place auprès du doyen ; mais la stalle fut ornementée avec profusion et d'après le modèle de celle de l'archevêque de Grenade, qu'il dut payer mille ducats ; et encore lui fut-il enjoint de laisser le couronnement ou dais ouvert, c'est-à-dire en forme d'une demi-coupole.

Le cardinal *don Antonio Zapata*, l'un des plus grands bienfaiteurs de la fabrique, ayant succédé à *don Vela*, supplia le chapitre de l'autoriser à faire fermer le chœur, ainsi qu'à placer au milieu la stalle archiépiscopale. Le chapitre, prenant en considération les dons nombreux de ce prélat, consentit à toutes ces demandes, qui coûtèrent la somme de dix mille ducats ; mais, par la raison que cette œuvre ne put convenir, elle fut détruite, et reconstruite pour une égale somme ; la grille en fer qui devait fermer le chœur coûta cinq mille cinq cents ducats.

L'arrière-chœur est formé de huit colonnes accouplées sur des gradins et piédestaux en jaspe ; au-dessus de la corniche règne une galerie à balustre renforcée par des piliers portant chacun une boule en bronze. Les deux principaux, et qui font face au chœur, portent les statues en marbre blanc de *saint Pierre* et de *saint Paul*, et entre les deux s'élèvent les armoiries de l'Eglise ; au-dessous sont placées celles du seigneur

Zapata. Un peu plus bas, et dans un arceau abaissé, est la table d'autel en pierre dominé par un très-remarquable tableau peint par *Diégo de Leiva*, moine de la chartreuse de Miraflores, lequel représente *saint Antoine* rejoignant *saint Paul* dans le désert ; les deux côtés extérieurs du chœur furent ornés aux frais de l'illustre seigneur *don Francisco Manso y Zuniga* pour la somme de seize mille ducats. On y compte quarante-quatre colonnes accouplées sur des piédestaux semblables à celles de l'arrière-chœur ; la corniche est aussi surmontée d'une galerie divisée par des piliers portant chacun une grosse boule ; au-dessous, et entre les colonnes, on a formé six arceaux au bas desquels est un autel où l'on célèbre le saint sacrifice. Le fond de chacun est orné d'un beau tableau peint par frère *Jean de Rici*, moine bénédictin ; ils représentent six saints et saintes. Dans les quatre intervalles de ces arcs ogivaux, on voit l'écusson du prélat et douze coquilles ou niches ovales : six de chaque côté, sans doute pour recevoir des bustes, et, au-dessous de chacune d'elles, un cartouche pour recevoir une inscription.

L'église possède deux grandes orgues établies à deux différentes époques ; le plus ancien fut placé pendant l'épiscopat de l'illustrissime *don Fernand Andrade*, archevêque de Burgos. Sur chacun des côtés, une inscription dit : *D. Jose Echevarria me fecit. Anno 1706*. Le second fut placé aux frais de la fabrique dans l'année 1806 ; les jeux sont du fabricant *don Manuel de Betaloza*, et la cage est de *don Benito Cortès*, citoyen de Burgos.

En entrant dans le chœur, on voit, au bas de la première stalle et au lieu même où il fut inhumé, la figure en bronze du seigneur évêque *Maurice*, fondateur de l'église ; elle ne s'élève pas plus d'un empan au-dessus du carrellement.

CHAPITRE VIII.

Description des chapelles.

Il serait trop long et trop monotone d'entrer dans tous les détails de l'ornementation du retable des chapelles ; leur richesse en sculptures et peintures est des plus abondante. Nous ne relaterons ici que l'ensemble de chacune d'elles et ce qu'elles offrent de plus remarquable.

CHAPELLE SAINTE-THÈCLE.

En contournant les nefs , on compte douze chapelles : la première , à gauche, en entrant par la principale porte *del Perdon* , est dédiée à *sainte Thècle* , vierge et martyre ; elle fut fondée par l'illustrissime seigneur *don Manuel de Samaniazo y Jaca ,* archevêque de Burgos en 1734. Son entrée est formée par quatre arcs et fermée par quatre grilles en fer qui s'élèvent jusqu'à la clé de voûte et sur lesquelles on a placé , comme principale ornementation , les armes du prélat et celles de l'Eglise. Cette chapelle , qui mesure 60 pieds de haut , 96 de long , 65 de large et 42 d'ouverture , contient cinq autels. A côté du gradin du principal autel et enchâssée dans le mur , une pierre tombale, au-dessous de laquelle est l'entrée d'un caveau, fait connaître que là sont inhumés *don Linas de Samaniazo y Jaca ,* frère du fondateur, et *don Jose de la Pena* , neveu du seigneur *Areliano.* A côté de l'autel de *Sainte-Lucie* est inhumé le corps de l'illustrissime seigneur *don Alonzo Illescas ,* évêque de Burgos. Ces deux monuments n'offrent rien de remarquable.

CHAPELLE SAINTE-ANNE.

La seconde chapelle du même côté est celle de *Sainte-Anne.* Plus anciennement, elle en formait deux ; mais, en l'année 1474 , l'illustrissime *don Luis Osorio de Acunha ,* évêque de Burgos, les réunit en une seule. De tous les monuments funèbres, non pas seulement de cette cathédrale, mais de toutes les églises de Burgos, le plus élégant, comme style gothique, est celui placé à l'entrée de la chapelle de *Sainte-Anne* du côté gauche. Tout autour du sarcophage sont représentés les mystères de la naissance du Sauveur sous des dais très-délicatement ciselés. Sur le couvercle, une figure sacerdotale richement vêtue tient un livre dans ses mains. A ses pieds , un enfant tient aussi un livre ouvert de la main gauche et appuie sa tête dans la droite. Au fond, et au milieu de l'arceau ogival , deux anges soutiennent un cartouche sur lequel est l'inscription qui apprend que là est inhumé *don Fernando Diez de Fuente Pelago ,* archidiacre de Burgos , qui fut l'élève du seigneur Acunha. Au-dessous est encore représentée la naissance du Sauveur ; un ange apparaît à des bergers qui gardent des troupeaux et les plonge dans la plus grande frayeur, pendant que leurs bêtes s'enfuient dans les rochers. L'attention des curieux est forcément appelée par l'étable de Bethléem, par la crèche, et une foule d'autres sujets dépendant de ce mystère. Au-dessus de l'arc, mais extérieurement, deux autres anges tiennent aussi un cartouche surmonté par l'Assomption de la Vierge, et, plus haut encore, est le Père éternel, sous un dais si finement sculpté, que, même avec de la cire, on n'aurait pu le mieux faire. Les deux statues placées à chacun des côtés sont aussi délicatement sculptées que toutes celles qui figurent dans ce monument.

En avant des marches du principal autel est le sépulcre en marbre blanc du fondateur, autour duquel on a intercalé ses armes, avec diverses figures représentant la *Justice*, l'*Adoration*, la *Charité*, la *Force*, l'*Abstinence*, la *Paix*, la *Tempérance* et la *Prière*. Sur le couvercle est son effigie en vêtements pontificaux, et sur l'épaisseur de la pierre on lit: *Propter utrumque latus præsul Ludovicus Acunha Osorio stirpes quas adornavit habet. Anno M.CD.XCV.* Derrière l'autel du Pilar est encore un sarcophage que l'on reconnaît bientôt pour être dû au ciseau d'un grand sculpteur. Rien n'indique quel est le personnage dont les dépouilles mortelles y sont déposées. Dans la sacristie de cette chapelle est aussi un autel en face duquel on voit un arceau sépulcral, et, dans le milieu, une épitaphe indique que là repose *don Fernand Sanchez*, chanoine de Burgos, qui fonda la fête de *Saint-Sébastien*, que le chapitre célèbre avec la plus grande solennité, parce que, grâce à son intercession, la ville et tout le diocèse furent délivrés d'une peste qui désolait le pays. Le seigneur d'*Acunha*, cedant aux instances du chapitre, confirma cette fondation le 14 mai 1493.

Aujourd'hui cette chapelle est placée sous le patronage du duc d'*Abrantès*. Tel est l'usage en Espagne, en vue de laisser aux frais des puissants ou riches seigneurs l'entretien de ces somptueuses chapelles, pour lequel les seuls revenus de l'église ne pourraient suffire.

DESCRIPTION PARTICULIÈRE DE L'ESCALIER DE LA PUERTA ALTA (PORTE HAUTE)
ET DU SÉPULCRE DE DON BERNARDINO GUTIERES ET DE SA FAMILLE.

La disposition de ces deux monuments est telle qu'ils semblent n'en faire qu'un seul. Leur construction est moderne, c'est-à-dire du seizième siècle, époque de la restauration des arts à Burgos, et classée comme la plus belle pièce d'architecture et de sculpture.

En entrant dans l'église par la porte Haute, le premier palier de l'escalier se divise en deux rampes ou descentes, pour se réunir ensuite à un second palier, et ne plus former qu'une seule descente jusqu'au pavé de l'église, dans laquelle on ne peut entrer qu'après avoir ouvert une grande grille en fer. L'escalier a trente pieds d'élévation, et les marches sont au nombre de trente-neuf. Chacune d'elles a six pieds de long sur un pied de large. Trois arcs, établis sur des colonnes, le soutiennent; les ornements sont du même style que ceux du sépulcre de *don Diego de Santander*, que l'on voit dans le cloître, et dont il sera parlé plus loin. On est toujours dans l'incertitude si cet ouvrage est dû au ciseau de *Diego de Siloé*. Cependant le feuillage, la physionomie des enfants, les lions, les griffons, les draperies, ont un caractère trop particulier qui ne peut être confondu avec d'autres.

Le dessus de l'arc sépulcral de *don Gutieres* est orné d'un groupe d'enfants qui se tiennent embrassés avec une grâce admirable. Au milieu des guirlandes de feuilles qui tapissent le mur est un personnage chimérique artistement fait, lequel tient dans ses mains une banderolle sans inscription, mais destinée sans doute à faire connaître l'année qui vit terminer cette œuvre si remarquable, ou bien le nom du sculpteur. La grille en fer qui l'entoure fut faite par *Cristobal Andino* aux frais de l'illustrissime seigneur *don Juan Rodriguez de Fonseca*, évêque de Burgos. Au centre de l'arc sépulcral, une toile d'une grande valeur représente la Cène.

PUERTA DE LA PELLEGERIA.

Dans la même nef dudit escalier, et du côté opposé au sépulcre de don Gutieres, est la porte de la *Pellegeria*, qui donnait jadis entrée à la chapelle de Saint-Jean-Baptiste, aujourd'hui détruite, et formant au dehors une petite place ou atrium fermée par une balustrade. Cette particularité, omise la première fois qu'il a été parlé de ladite porte, devait trouver ici sa place. Il faut dire aussi qu'en sortant de l'église par cette porte, on voit, sur le mur de droite et au centre d'un ancien arc sépulcral, cette épitaphe : *Mersa jacet curis utriusque scientia juris*, etc. Ce sépulcre faisait partie de la chapelle de Saint-Jean-Baptiste avant sa démolition.

CHAPELLE DES BONIFACES ET DE SAINT-NICOLAS.

Dans la même nef, et sur le côté droit du transept, on voit la chapelle appelée *des Bonifaces*, ou de *saint Nicolas*, évêque. Elle est de la fabrique et l'une des plus anciennes. Son unique autel, en marbre blanc, jaspe et gris clair, est dédié à la naissance du Sauveur. A gauche, en entrant, se dresse le mausolée de l'illustrissime seigneur *don Juan de Villahoz* (1). La grille en fer qui ferme cette chapelle s'étend depuis le carrellement jusqu'au sommet de l'arceau.

En suivant l'ordre de ces sanctuaires, et à l'angle qui reprend la grande nef pour former le bras supérieur de la croix, s'élève le magnifique et luxueux sépulcre de *don Pedro Fernandez Villegas*, archidiacre de Burgos, qui traduisit en castillan les trente-quatre chants du Dante. Ce sépulcre est enchâssé dans le mur, et l'arc qui en forme l'encadrement est soutenu par deux colonnes creuses dans lesquelles sont deux statues habilement sculptées. L'archidiacre, dans ses vêtements sacerdotaux, est couché, tenant un livre et un rosaire dans ses mains ; à ses pieds, un second livre est placé sur un tabouret et un enfant accoudé dessus. Le sarcophage est orné des images de *saint Pierre* et de *saint Paul*, et de deux écussons soutenus chacun par un ange. Au centre de l'arceau est la Purification de la sainte Vierge ayant un ange de chaque côté, tenant chacun un voile. Au-dessus de l'arc, l'Annonciation, et pour couronnement, le Père éternel. Tous ces personnages sont sur des consoles et sous des dais faits avec la plus grande élégance. L'épitaphe qui dit que là repose le

____

(1) Il n'offre rien de remarquable.

corps du seigneur *Villegas* est placée sur l'un des côtés du sépulcre. Du côté opposé on a construit un escalier qui aboutit aux corridors intérieurs de l'église, lesquels furent faits aux frais du seigneur d'*Acunha*, évêque de Burgos, dont les armes sont placées au-dessus de l'arc de la chapelle de la Naissance du Sauveur, à la partie opposée du nouvel orgue.

CHAPELLE DE LA NATIVITÉ.

Après le mausolée décrit, on rencontre la chapelle de la *Nativité de la sainte Vierge,* qui plus anciennement en formait deux : l'une dédiée à *saint Martin*, évêque, l'autre à *saint Gilles*, abbé. Le prévôt et le chapitre cédèrent l'emplacement de ces deux sanctuaires à *dona Anna de Espinosa,* femme du licencié *don Pedro Gonzalès de Salamanca,* au prix de vingt-cinq mille marcs de rente perpétuelle par an, pour n'en former qu'une seule chapelle, avec autorisation d'y élever autant de sépultures, armoiries et épitaphes qu'elle le désirerait. Ce fut en 1571 que *dona Espinosa* et ses filles *Marie* et *Catherine de Salamanca* réédifièrent ladite chapelle, au milieu de laquelle elles sont inhumées. Cette vaste chapelle possède aussi, dans son milieu, un chœur dont les stalles sont très-ornées, ainsi que leur revers ou dossier. Dans cette partie, on remarque deux sépulcres avec figures de prélats, qui représentent, d'après le livret, *don Juan de Medina* et *don Martin de Contreras,* l'un et l'autre évêques de Burgos. Au-dessus des stalles du chœur on a élevé une galerie, ou jubé, mais appliqué au mur, et auquel on monte par un escalier en limaçon, parfaitement bien fait. Les deux arceaux qui forment l'entrée de cette chapelle sont fermés par deux belles grilles en fer s'élevant jusqu'au sommet, et les armoiries des fondateurs, ainsi que les cartouches, qui font connaître qu'elles furent faites l'année 1604, sont placés sur chacune d'elles. Les deux sarcophages, ainsi que le bénitier, sont en jaspe. La chapelle est placée sous le patronage des comtes de *Berberana.* On ne peut qu'être surpris en apprenant les nombreux priviléges, acquis par le fondateur, de posséder dans une métropole une église petite, mais complète, c'est-à-dire avec chœur dans le milieu, stalles, jubé, sacristie, etc.; et, de plus, ayant le droit d'y placer un orgue. Il n'est qu'une révolution dans l'Etat qui puisse seule détruire de tels abus et une servitude que le chapitre avait acceptée dans un but bien vénal.

CHAPELLE DE L'ANNONCIATION ET DE SAINT-ANTOINE.

La chapelle suivante, dénommée de Saint-Antoine, fut de la fabrique jusqu'à l'année 1694, époque de sa réédification par l'illustre seigneur *don Juan de la Torre-Ayala*, évêque de *Ciudad-Rodrigo*, électeur de *Zamora*, chanoine et maître de chapelle de Burgos, qui la dédia à l'Annonciation. Mais, pour ne pas laisser perdre le souvenir du premier vocable, il fut décidé que l'effigie de saint Antoine serait conservée là où elle est aujourd'hui, c'est-à-dire au retable du côté de l'épître. Une inscription placée au-dessous d'un grand tableau représentant la Madeleine apprend aux visiteurs que *Gabriel de la Torre*, capitaine de cavalerie, mestre de camp, chevalier de *saint Jacques*, et frère du fondateur, fut le premier patron de cette chapelle. On y voit aussi le sarcophage de l'illustrissime seigneur *don Aparicio*, évêque de Burgos, ainsi que le constate le catalogue, qui dit que là furent anciennement inhumés un évêque, un archidiacre de *Trevino* et *don Juan Gonzalès*, trésorier de l'église. Les deux autres ont dû être transférés ailleurs.

La grille en fer qui clôt ce sanctuaire s'élève jusqu'au sommet de l'arc, et est ornée de trois écussons. Cette chapelle est pourvue d'une sacristie et d'un chœur, mais petit, et sans ornements. Enfin, et nous ignorons pour quel motif, un chapeau de cardinal est suspendu à la voûte. Le registre de la fondation est conservé par les seigneurs marquis de *Lorca* en leurs qualités de patrons de ladite chapelle.

CHAPELLE DE SAINT-GRÉGOIRE.

Celle qui vient après, dédiée à saint Grégoire, pape, est de la fabrique. Le principal autel a été privilégié par une bulle du souverain pontife Grégoire XIII, en 1576, sur les instances du cardinal *don Francisco Pacheco*, premier archevêque de Burgos. Toute l'ornementation de cette chapelle est moderne: l'autel, les crédences, les gradins, les balustres et le soubassement, qui supportent l'appui de communion, sont du plus beau jaspe. L'arceau formant l'entrée est fermé, comme les précédents,

par une grille en fer dans toute son étendue, et surmonté des armes de
l'Eglise. Dans l'angle, du côté de l'épître, s'élève le somptueux mausolée
de l'illustrissime seigneur *don Lope de Fontesca*, second évêque de Burgos, d'après le catalogue ; il se présente de manière à ne montrer que
deux côtés ; sur l'une des faces sont le mystère de la Naissance du Sauveur, et l'Adoration des Mages, séparés par des écus fleurdelisés ; sur
l'autre côté sont l'Annonciation et saint Joachim, appuyé sur un bâton.
L'effigie de l'évêque couché surmonte le couvercle ; un ange soutient sa tête ;
un second est à ses pieds, tenant un encensoir. Un arc ogival forme le
pan coupé dans lequel est le mausolée. A droite et à gauche sont rangés
les douze apôtres, et, au milieu, une grande fleur, du calice de laquelle
sort une petite statuette représentant le *Sauveur*. Au centre de la niche
on voit *Jésus-Christ* assis, ayant un homme à sa gauche et une femme
à sa droite qui le prient et semblent l'intercéder en faveur du défunt. Tout
autour sont six anges portant les attributs de la Passion ; au-dessus de
l'arc est représenté le *Couronnement de la Vierge*, accoté de deux anges
qui assistent à cet acte, pendant que deux autres descendent du ciel avec
leur encensoir. Dans ce grand travail, on reconnaît un très-grand soin,
de la finesse, et beaucoup de goût.

En entrant dans ladite chapelle, on voit incrusté dans la muraille, à
main gauche, mais en grand relief, le mausolée de *don Gonzalo de la
Hinojosa*, évêque de cette église, qui mourut en 1320. Le cercueil est à
moitié ouvert, et dans l'intérieur est un évêque que plusieurs personnes
enterrent : pendant que d'un côté il en est qui pleurent, de l'autre sont
ceux qui prient. L'effigie du prélat à demi-couché, et revêtu de ses ornements pontificaux, surmonte le couvercle. La crosse, à cause de sa fra-
gilité, fait aujourd'hui défaut au monument. Ce fut le même prélat qui
porta de Cologne le corps de *sainte Victoire*, et qui fit placer dans l'église
de Burgos ceux de *sainte Centule* et de *sainte Hélène*. La sacristie est
remarquablement petite, et la chapelle, quoique grande, n'est éclairée
que par une seule fenêtre ; elle renferme les corps de plusieurs prébendés.

CHAPELLE DU CONNÉTABLE.

Par la dénomination de *condestable* donnée à la chapelle qui va nous occuper, le souvenir se porte aussitôt sur les membres de la famille de *los Velascos*, qui la fondèrent l'an 1487, et la dédièrent à la *Purification de la sainte Vierge*. Jusqu'alors elle s'était appelée chapelle de *saint Pierre*. Située à l'extrémité de la grande nef, elle forme le milieu de l'abside. Quand on la reconstruisit, elle fut très-agrandie. Aujourd'hui sa magnificence est difficile à décrire; le style est semi-gothique, et la construction si parfaite, qu'on ne saurait assez l'étudier. L'entrée est grandiose, et couverte d'ornementations équivalant à de la dentelle. L'arc est semi-circulaire dans sa partie extérieure, et sur des consoles très-variées sont de grandes et petites statues sous des dais richement sculptés; ainsi: les quatre évangélistes, la *Naissance du Sauveur*, la *Purification de la Vierge*. A la partie inférieure, toute en grand relief, on voit une multitude de sujets, et principalement des sauvages en manière de supports; dans l'intérieur, ces mêmes sauvages sont répétés, mais soutenant chacun une couronne de laurier. Au centre de l'une est un soleil chargé du nom de *Jésus*; au centre de l'autre est une croix; plus haut, l'*Annonciation*, c'est-à-dire l'*ange Gabriel* d'un côté et la *Vierge* de l'autre.

De toutes les belles grilles ou portes en fer dont il a été parlé, et de celles dont nous parlerons plus tard, aucune ne peut être comparée à celle de la chapelle du Connétable: elle est divisée en deux corps d'architecture, et d'un attique terminé par une croix de *Saint-André*. A la face extérieure de l'attique sont deux personnages agenouillés tenant un grand écusson, et, au-dessous, deux médaillons dans l'un desquels on lit: *Ego sum lux vera;* dans l'autre: *Ecce ancilla Domini*. A la face intérieure, deux belles têtes représentent, l'une *Jésus*, l'autre *Marie*; au-dessus est le Père éternel, avec l'inscription: *Ego sum alpha et omega.* Aux deux médaillons et aux deux têtes semblent suspendues de volumineuses guirlandes de fleurs. La première division est formée par quatre colonnes quadrangulaires; la seconde par des balustres au-dessus desquels est une tablette ou couronnement qui porte écrit en belles lettres majuscules: *Ab Andino*, et au-dessous: A. D. M.D.XXIII. Quand on plaça cette grille, le but projeté était sans doute d'éblouir les spectateurs; car elle est peinte et dorée dans tout son ensemble, et selon la signification de chacune de ses parties: ainsi, la couleur de chair et toutes les variétés de fleurs et de feuilles, les arabesques, sont du meilleur goût ; enfin cet ouvrage offre, dans ses détails, la plus grande habileté. La porte ne s'ouvre qu'avec le secours du plus ingénieux des secrets ; et celui qui ne le connaît pas tenterait vainement de s'introduire dans la chapelle.

Le principal autel, du style de la Renaissance, est ordonné d'une manière originale. C'est d'abord un grand dais établi sur quatre colonnes sculptées dans toute leur étendue et représentant une infinité de sujets bizarres. Sous ce dais est contenu tout le mystère de la Purification ; ainsi : la *Vierge, l'enfant Jésus, saint Joseph, Siméon*, la *prophétesse Anne*, et une suivante portant deux colombes dans une cage. Aux pieds de *Siméon* est un rouleau d'étoffe sur lequel est écrit son cantique : *Nunc dimittit servum tuum, Domine,* etc. Le sommet est formé par un grand arc autour duquel sont plusieurs anges portant les insignes de la Passion. Cet arc est surtout remarquable par sa grande bordure dentelée. Aux deux collatéraux, on voit aussi des croix sculptées dans des couronnes de laurier, et, dans d'autres, des soleils chargés du mot *Jésus*, les unes et les autres soutenus par des figures humaines. Aux deux côtés de l'évangile et de l'épître sont quatre grands écussons : deux couvrent presque tout le panneau ; les deux autres, placés sur la galerie qui contourne la chapelle, ont pour support : celui de gauche, deux sauvages ou hommes velus, celui de droite deux femmes couronnées et également velues. De belles franges contournent les piliers, et sont répétées aussi autour des quatorze fenêtres qui fournissent le jour à la chapelle. Celles-ci sont décorées de verrières rappelant les principaux traits de la vie du Sauveur, de quelques saints, et les armoiries des fondateurs.

Au sommet des cinq arceaux qui embellissent la chapelle on a placé cinq statues de grandeur naturelle représentant, celle du milieu un séraphin, les quatre autres des hérauts portant chacun un pennon aux armes des *Velasquez.*

Au corps inférieur, quinze statues, placées sur des consoles et chacune sous un dais, rappellent les douze apôtres, puis *saint Jean-Baptiste* et deux docteurs de l'Eglise : *saint Augustin* et *saint Jérôme.* Il est dans cette chapelle deux autres autels latéraux dont les retables sont d'une époque et d'un style différents : celui du côté de l'évangile offre une architecture à peu près semblable à celle de l'autel principal ; celui du

côté de l'épître est d'un gothique primitif. Toutes les statues qui les décorent, au nombre de onze, ont un véritable mérite artistique : l'un est
terminé, au sommet, par l'ange *saint Michel*, l'autre par *saint Raphaël*.
La plus remarquable statue de ces retables est celle de *saint Jérôme*, par
le fameux *Gaspard Becerra*. Après celle-là, on peut aussi admirer
saint Pierre et *saint Yve*.

Les curieux ne peuvent s'empêcher d'admirer l'orgue de cette chapelle,
très-richement sculpté. A gauche est l'inscription : *Laudate eum in tympano et choro ;* à droite : *Laudate eum in cordis et organo.* Ils s'arrêtent aussi devant la stalle principale du chœur, qui, quoique fruste,
présente encore un beau reste de sculpture ; devant le dallage dont les
losanges, les triangles, les étoiles, en marbre blanc et noir, produisent
un effet très-pittoresque ; devant le sarcophage des deux Velasquez, don
Juan et don Pedro ; enfin, ils s'exhaltent devant la clé de voûte qui, par
le nombre des arêtes réunies, forme un délicieux soleil, au centre duquel
est un grand médaillon représentant la Purification.

A l'entrée de la chapelle et à chacun des côtés, deux arcs ogivaux forment l'encadrement de deux sépulcres. Dans celui de droite est le corps
de *don Dominique de Arroyelo,* et dans celui de gauche *don Pedro
Gutieres de Guyada,* l'un et l'autre évêques de Burgos ; le premier est
surmonté du buste du prélat en vêtements pontificaux. Au centre de l'arceau figure la statue de la sainte Vierge, et un ange à chacun des côtés.
La face du cercueil représente le Sauveur au milieu des douze apôtres.
Sur celui du seigneur de Gutieres on a représenté sa mort, et ses funérailles, auxquelles assistent un grand nombre de personnes.

Cette chapelle est placée sous le patronage de l'excellentissime duc de
Frias et d'Uceda. Nous ne devons pas négliger de dire encore ici qu'au
milieu du carrellement du sanctuaire sont placés les deux mausolées des
fondateurs don Pedro Hernandez de Velasco, connétable de Castille, qui
mourut en 1492 âgé de soixante-sept ans, et de dona Mencia, comtesse de Haro, son épouse, décédée en 1500, âgée de soixante et dixneuf ans.

On admire, dans ce mausolée, non pas seulement sa somptuosité, mais
la prodigalité et la finesse du travail ; ainsi : les vêtements, les coussins,
l'armure du connétable ; ses mains musculeuses ; les gants de la com-

tesse ; le petit chien couché à ses pieds, etc. Sous le mausolée est un grand caveau où sont déposés les deux corps.

CHAPELLE DE SAINT-JACQUES.

Continuant la visite du temple, on s'arrête à la chapelle de Saint-Jacques, apôtre, dont on a fait l'autel de paroisse. Elle est grande et belle. La grille qui la ferme s'élève jusqu'à l'arceau dont le sommet est surmonté de la statue du saint. Cette chapelle contient plusieurs sépulcres. Le plus remarquable est celui de don Juan Ortega de Velasco, abbé de Saint-Quirce, chanoine de Burgos, qui mourut en 1557. Son buste est en marbre blanc, et son cartouche, portant l'épitaphe, est soutenu par deux enfants d'une admirable expression et d'une grande finesse de sculpture. L'arceau est porté par deux cariatides en manière de colonne. A la réunion des deux arcs deux anges jouent d'un instrument à vent.

Au second corps de ce monument funèbre est représenté la Conception de la Vierge, entourée d'anges et de chérubins. Aux deux côtés sont saint Pierre et saint Paul ; au-dessus, dans un médaillon, est l'image de Dieu le Père, et, pour couronnement, un Calvaire ; au fond de la niche, le Baptême du Christ, et deux enfants tenant un linge pour sécher son corps. A la face du sépulcre sont les armoiries du défunt soutenues par deux anges. Tout cet ensemble dénote une grande habileté et beaucoup de goût, malgré sa prodigieuse ornementation ; mais ce fut, et tel est encore, en Espagne, l'usage de multiplier les sujets de sculpture dans tous les monuments funèbres, ainsi qu'aux retables des autels, et de charger ceux-ci d'une masse de dorure. A l'entrée de la chapelle, du côté gauche, et en regard du monument décrit, un grand cadre porte une inscription qui apprend aux visiteurs que là repose la dépouille mortelle de *don Alvaro de Valladolid*, lequel fonda un autel avec dotation pour mémoire et œuvres pies. Tout près, un autre arc sépulcral surmonte un sarcophage sur lequel sont étendus deux personnages : l'un est le seigneur de Lesmes de Astudillo, et l'autre sa femme doña Mencia Pardès, décédés, l'un en 1559, l'autre en 1541.

La face du sarcophage est ornée d'écussons héraldiques. Au-dessus de l'arc est représentée la Purification, et, de chaque côté, saint Jacques et saint Jean l'évangéliste ; enfin, plus haut, l'archange saint Michel. Ce monument est entouré d'une forte grille sur la face de laquelle sont appliquées des armoiries.

Il y a cinq autels dans cette chapelle : au milieu du principal retable est représenté saint Jacques à cheval ; du côté de l'évangile, saint Jean l'évangéliste, et, du côté de l'épître, sainte Salomé. Au-dessus est la Conception, et, plus haut encore, le Père éternel. De chaque côté du mystère de la Conception, deux fenêtres jumelles éclairent la chapelle. Un grand arc, richement sculpté, embrasse tout cet ensemble, qui est encore surmonté de quatre statues : Adam, Eve, la sainte Vierge et saint Jacques.

Dans le sanctuaire, deux armoires du même style que l'autel renferment des reliques de grande valeur, puisqu'elles sont enserrées dans des grilles circulaires en fer doré.

A côté des marches de cet autel est le sépulcre de l'illustrissime seigneur *don Juan de Villacreus*, évêque de Burgos, sur lequel on lit : *Dominus Joannes de Villacræ, episcopus burgensis, hujus ecclesiæ præcipuus benefactor, hoc in tumulo requiescit. Anno Domini 1403.* Attenant à cette pierre, il en est une autre qui fait connaître que le caveau au-dessous renferme les cendres de don Antonio de Melgosa et de sa famille.

Il y a dans cette chapelle un orgue d'une grande puissance harmonique. Nous ne devons pas négliger de dire ici que la paroisse comporte deux cures distinctes, et chacune un bénéficier célébrant tous les jours l'office divin.

SACRISTIE.

Faisant suite à la chapelle Saint-Jacques, est aujourd'hui la nouvelle sacristie, qui formait jadis deux chapelles : l'une portant la dénomination *del Sagrario*, c'est-à-dire des reliques ; l'autre, des infants de *Carrion de los Condes*, parce qu'ils y étaient inhumés. Anciennement, la sacristie était si éloignée de l'autel du chapitre et de celui de la paroisse, qu'on en décida l'abandon pour lui substituer la nouvelle. Les reliques furent alors enlevées et placées dans la chapelle de Saint-Pierre, dont il sera bientôt parlé. L'illustrissime seigneur *don Fracisco Guilhem*, archevêque de Burgos, donna huit mille ducats pour la disposition de cette sacristie, pour son ornementation par un grand nombre de tableaux et par plusieurs statues; ainsi : celles de *saint Julien*, évêque de *Cuença; saint Indalici*, martyr ; *saint Jean de Sahagun; saint Ferdinand*, roi ; le *Couronnement de la Vierge;* son *Annonciation*, et les deux sibylles *Persica* et *Europa*. Celles-ci tiennent dans leurs mains une banderolle sur laquelle on lit : *Invisibile verbum palpavitur, et egredietur de utero Virginis.* — Au-dessous de l'Annonciation est écrit : *Anno Domini MDCCLXV.*

Les boiseries sont dues au talent d'un religieux carme ; elles sont couvertes d'une très-élégante et très-originale sculpture en petit relief : on y remarque deux statues, l'une représentant l'*Assomption*, l'autre *sainte Catherine*, et deux plus petites, *sainte Madeleine* et *sainte Barbe*. — Là figurent aussi, en grand relief, les quatre docteurs et quatre autres personnages non désignés. Aux deux côtés d'un ovale qui occupe la presque totalité de l'une des faces de la sacristie se déploient un aigle et un paon royal ; en regard, un autre ovale, qui, semblable au premier, forme une fenêtre, et est ornementé de la même manière.

La coupole et sa lanterne reposent sur quatre grands arcs très-ornés. Dans chacun des quatre angles, les armoiries du seigneur Francisco Guilhem sont alternées avec celles de l'Eglise. Au-dessous on a placé quatre bustes : Adam et Eve dans l'état d'innocence, et les mêmes dans l'état de péché.

Pour rappeler que cette sacristie fut jadis consacrée aux reliques, on y conserve celles de quatre vierges, enchâssées dans des bustes. Dans un grand cadre en bois de Madère sont mentionnés les noms des ecclésiastiques qui ont fait partie du chapitre de la sainte église et de tous les religieux de l'ordre de *Saint-Dominique de Gusman*, à l'époque où *don Thomas de Bojadors* était leur père général.

Autour de cette liste, et en manière d'arbre généalogique, sont écrits les noms de ceux du même ordre qui ont été canonisés et béatifiés. Dans les deux angles du fond s'élèvent deux piédestaux en pierre qui servent à implanter les deux croix processionnelles richement ornementées par des pierreries, et dont les dessinateurs étrangers ont pris grand nombre de copies, l'une du treizième, l'autre du quatorzième siècle.

On conserve religieusement aussi une peinture représentant la Madeleine, due au pinceau de Léonard de Vinci. Autour du cadre on lit : « Ce tableau fut donné par don Pedro Hernandez de Velasco, quatrième connétable de Castille, duc de Frias, comte de Haro. » Les autres tableaux remarquables sont les portraits du pape saint Grégoire, du connétable et de la comtesse, de l'illustrissime seigneur don Pedro Martinez de San Marti, évêque de Barcelone et chapelain de Burgos, de l'illustrissime seigneur don Francisco Inigo de Angulo, magistrat de Burgos et évêque d'Osma, de saint François de Borgia, de saint François de Paule, enfin du Sauveur, tous du plus grand mérite. Là se conserve encore l'autel portatif que le connétable avait toujours dans ses bagages à chacune de ses campagnes.

SAINT-HENRI.

Dans la nef méridionale du *Crucero*, la chapelle dédiée aujourd'hui à *saint Henri*, empereur, en formait jadis deux. Ce fut le seigneur *don Enrique de Peralta y Cardenas*, archevêque de Burgos, qui, pour la somme de cinq mille ducats, obtint du chapitre l'autorisation de n'en faire qu'une en se conformant aux conditions qui lui étaient imposées. On compte sept autels dans cette chapelle : le principal est dédié à l'*Ecce Homo*, dont la statue est promenée dans les rues de la ville à toutes les époques de prières publiques pour cause de calamités. — Derrière les stalles du chœur on voit deux sépulcres, l'un de *don Juan Fernandez Avanuza*, l'autre de *don Juan Garcia de Medina de Pomar*, tous les deux chanoines de Burgos. Un peu plus loin, deux autres sépulcres renferment les ossements de deux évêques de l'ancien siège d'Oca ; mais un cinquième en marbre, enchâssé dans le cœur, et le plus somptueux, représente la statue en bronze du seigneur de *Peralta* agenouillé. Au-dessus de sa tête est un dais duquel pendent des draperies qu'un enfant soulève, et qui a pour couronnement un écu héraldique. Au-dessous de l'effigie, un cartouche, porté par des anges, contient l'inscription qui énumère toutes les vertus du prélat, son origine royale, puisqu'il descend des rois de *Navarre*, sa générosité, et sa magnificence dans la fondation et ornementation de cette chapelle, enfin l'époque de sa mort, 20 novembre 1679, à l'âge de quatre-vingt-cinq ans. — Les stalles du chœur se font plus particulièrement remarquer par l'élégance et la finesse de leur marqueterie ; le carrellement, les marches du sanctuaire, l'autel, fixent d'autant plus l'attention que tout est du plus bel albâtre. Les deux coupoles superposées donnent à cette chapelle une physionomie imposante. Le pupitre est un grand bronze représentant un aigle aux ailes éployées triomphant d'un basilic qu'il tient dans ses serres. — D'après la tenue des registres, les caveaux contiennent les corps de l'illustrissime seigneur *don Fernand*, neveu du roi *don Alonzo le Sage*, de *don Juan Roeles*, et de *don Garcia de Contreras*, tous les trois évêques de Burgos. Les patrons sont aujourd'hui les seigneurs de *Legarda*.

LA VISITATION.

Dans la même nef, et en regard, est la chapelle de la *Visitation*, qui fut d'abord fondée par l'illustrissime seigneur *don Garcia de Torres*, évêque de Burgos, et dédiée à *sainte Marine*. En 1446, l'illustrissime seigneur *don Alonzo de Cartagena* la rééditia, sous le vocable de la Visitation, en manifestant à son chapitre le désir d'y être enseveli ; il le fut en effet, et son sarcophage est couvert d'une grande plaque en cuivre, selon l'usage des premières églises chrétiennes. Le chœur est joint au maître-autel. C'est au milieu que le sarcophage dont il vient d'être question fut refait, d'une manière si somptueuse, que, sans l'avoir vu, on ne peut s'en faire une idée. Il est entièrement en albâtre ; la crosse, la mitre, les coussins, sont d'un travail infini et admirable. Un enfant, tenant dans ses mains un livre ouvert et regardant le prélat, semble être apposé à sa garde. Les sujets qui ornent le pourtour du sépulcre sont des saints et des saintes au nombre de quatorze ; et, en manière de bordure, au-dessus de leurs têtes, on lit : *Dilectus Deo et hominibus cujus memoria in benedictione est.*

Du côté de l'évangile s'élève le sépulcre de *don Juan de Coca*, évêque de *Calahorra*, auditeur de rote et parent du seigneur de *Cartagena*. Il est représenté sur le couvercle en vêtements pontificaux ; tout près est celui de *don Luis de Maluenda*, chanoine, trésorier, et chapelain principal de la chapelle ; son effigie est en marbre. L'arc sous lequel il repose est très-délicatement sculpté. Cette même enceinte contient encore d'autres sépulcres; ainsi :

1° Celui de *don Garcia Ruiz de la Mota*, trésorier. Autour de l'arceau on lit : *Domine, sicut vis et scis miserere mei;* dans le fond, la sainte Vierge étend son manteau comme pour protéger le défunt. Autour du sarcophage on a représenté des figures de pontifes et de docteurs. De chaque côté sont des personnages tenant des banderolles sur lesquelles on lit : *Sub umbra alarum protege nos.* Au-dessus de l'arc un ange porte les insignes de la Passion, et plus haut est le Crucifiement. Sur la face du sarcophage sont deux écus, et, au milieu, le nom de Jésus.

2° Celui du seigneur *don Alonzo de Maluenda*, abbé de *Castro* et de *Valladolid*. Ce personnage est enveloppé dans un long manteau et un lion est couché à ses pieds; sur les deux faces du sépulcre sont deux écussons soutenus chacun par deux anges; au centre de l'arc est une épitaphe; dans le fond, les images de *saint Jean-Baptiste*, de *saint Grégoire, saint Augustin, saint Pierre, saint Paul, saint Ambroise, saint Jérôme* et *saint Bonaventure;* enfin, au sommet, les armes de l'Eglise.

3° Enchâssé dans le mur, celui d'un jeune guerrier dont on ignore le nom. Ses pieds sont appuyés contre un lion couché. Sur la face du sépulcre est le Crucifiement, et, de chaque côté, un écusson. La forme de cette grande chapelle est semi-circulaire. La grille qui la ferme s'élève jusqu'au sommet, lequel est couronné par les armes du fondateur; l'épitaphe du seigneur de *Cartagena* se lit au mur de gauche, en entrant. Cette chapelle équivaut, par sa grandeur, à une église assez vaste; car elle contient sept autels. Le patron ou conservateur est aujourd'hui Son Excellence le duc de *Gor*.

SAINT-JEAN.

Après la nef du *Crucero*, qui, comme nous l'avons dit, forme le bras méridional, et, continuant la visite de l'église, en descendant vers la porte principale *del Perdon*, on s'arrête à la chapelle de *San Juan de Sahagun y Reliquias*, qui fut dédiée à *sainte Catherine* jusqu'au jour où l'effigie du saint prit possession du seul autel existant, et que celle de la sainte fut transportée à l'ancienne sacristie dépendante du cloître.

Le sanctuaire est entouré d'une grille en fer doré, au milieu duquel s'élève une magnifique châsse en cristal contenant les reliques du saint. Du côté gauche, regardant l'autel, sont deux sépulcres très-modestes contenant, l'un les dépouilles mortelles de *don Jimeno* ou *Simon*, dernier évêque d'*Oca*, l'autre celles de *don Garcia Aragones*, son neveu, évêque de Burgos. *Don Simon*, en quittant le siége d'*Oca*, remplacé par celui de Burgos, emporta tous les ossements de ses prédécesseurs pour les réunir, comme il a été déjà dit, dans la chapelle aujourd'hui de *Saint-Henri ;* il emporta aussi la statue de Notre-Dame, à laquelle l'église de Burgos a voué une grande vénération. Sur un troisième sépulcre, non loin des deux premiers, on lit : « *Aqui yace el beato Lesmes, hijo de Burgos, abogado del dolor de rinones* ; — ici repose le bienheureux Lesmes, enfant de Burgos, et avocat des douleurs de reins. » Voici la notice, qu'à cause de cette qualification on conserve précieusement.

Saint Julien, évêque de *Cuença* et citoyen de Burgos, avait pour serviteur le bienheureux *Lesmes,* qui fut témoin du grand miracle que Dieu accorda aux prières du saint évêque. Il raconte « que quand on
» eut fini de distribuer aux pauvres la provision de grains qui leur
» était destinée, on vit arriver un grand nombre de bêtes de somme
» chargées de blé, qui vidèrent leurs sacs. L'on ne sut jamais ni qui les
» envoyait, ni d'où elles le tiraient. Le continuel exercice du mesurage
» et des distributions en raison des nécessités occasionna de vives dou-
» leurs de reins qui étaient souffertes avec résignation. C'est pour cela
» que *Lesmes* conseillait à ceux qui ressentaient des douleurs sembla-
» bles de se recommander au saint évêque et de se rendre avec dévotion
» à son sépulcre. »

Cette chapelle de Saint-Jean et des reliques est de forme ronde. On y entre par deux portes : la première est un grand arc surbaissé et moderne, fermé par une grille en fer qui s'élève jusqu'au sommet au-dessus duquel on a placé une statue de *saint Roch ;* la seconde fait communiquer la chapelle avec la sacristie ; les dalles sont en mosaïque très-riche ; la coupole, surmontée de sa lanterne, est entourée de huit enfants qui représentent la Foi, l'Espérance, la Charité, le Martyre, la Béatitude, la Vérité, la Souffrance et la Chasteté. Plus bas, et à égale distance, on a placé les statues de *saint Julien*, évêque, de *saint Indalici*, de *saint Pierre* et de *saint Jean de Sahagun*. Dans cette étroite enceinte on a aussi placé les innombrables reliques que possède la sainte église.

LA PRÉSENTATION.

La chapelle suivante a pour vocable la *Présentation*. C'est l'une des principales par sa grandeur, sa clarté et par sa construction architectonique. Elle fut fondée en 1519 par *don Gonzalo Diez de Lerma*, protonotaire apostolique, chanoine de Burgos, et bénéficier de *Villahos*, sous les conditions qui lui furent imposées, mais avec la réserve, par lui faite, qu'il serait inhumé près du maître-autel, lequel n'aurait pas plus d'une verge de hauteur ; que ses armes seraient mises en évidence dans l'intérieur de ladite chapelle, ainsi que sur la grille qui lui sert de fermeture. Le principal autel est décoré par un tableau représentant la *sainte Vierge*, œuvre de *Michel-Ange Buonarotti* : d'une main elle tient l'enfant Jésus, de l'autre elle soulève le léger voile qui couvre sa tête ; un peu au-dessus, et de chaque côté, deux anges la couronnent. Les deux autels collatéraux sont dédiés, l'un à *sainte Casilde*, l'autre à la *Vierge des Douleurs*. Au-dessus de l'arc de ce second autel, une inscription fait connaître que dans cette enceinte sont inhumés *don Juan de Lerma*, et sa femme *dona Isabel de la Cadena*. Un peu plus haut est la statue de *saint Antoine de Padoue* accotée de deux écussons ; plus haut encore, la statue de *saint Jérôme*. L'autel de *sainte Casilde* est surmonté de la statue de *saint Raphaël* et d'une inscription qui dit que dans cette même enceinte est inhumé *don Alonzo Diez de Lerma*, protonotaire apostolique, chanoine de Burgos. Au-dessus a été placée la statue de la sainte ; enfin, plus haut, la Fuite en Égypte. Tout à côté de l'autel on admire encore le sépulcre de *don Alonzo Diez de Lerma*, neveu du fondateur, et qui, comme lui, fit de grands dons à ladite chapelle. Le sarcophage est en pierre. Dans l'intérieur de l'arceau sont *sainte Ursule* et les onze mille vierges ; au-dessous est la sainte famille. Au-dessus de l'arc on voit une inscription, et, de chaque côté, *saint Simon* et *saint Jean Thadée ;* plus haut, la sainte Vierge ; enfin, au-dessus, l'Ange gardien.

De l'autre côté de l'autel, on s'arrête longtemps devant l'imposant sépulcre de *don Jacob de Bilbao*, premier chapelain de cette chapelle, ainsi que l'apprend aux visiteurs l'inscription placée sur le sarcophage tout en marbre blanc. Le défunt, vêtu de ses habits sacerdotaux, est étendu sur le couvercle. Au centre de l'arceau, la sainte Vierge tient dans ses bras l'enfant Jésus ; au-dessous on lit le verset : *Domine, quoniam in te speravi, et in te confidit anima mea.* Au-dessus de l'arc, la *sainte Vierge* avec l'*enfant Jésus* est répétée de la même manière, et a pour couronnement le Père éternel.

C'est au milieu de cette enceinte qu'est le tombeau du fondateur, en marbre blanc. Son effigie, placée sur le couvercle, a été faite d'après nature : il est en vêtements sacerdotaux ; à ses côtés, *saint Jérôme* et *saint François d'Assise* semblent le prendre sous leur protection ; des enfants, qui sans doute représentent les vertus, entourent un cartouche encore vide, et qui probablement devait recevoir son épitaphe.

Aux quatre angles de la chapelle, les quatre évangélistes sur de fortes consoles contribuent à son ornementation ; et au-dessous de chacun on a placé un buste ; mais on ignore qui ils représentent. L'entrée de la sacristie est très-décorée ; au-dessus domine la statue de *saint Pierre*, et à ses pieds on lit : *Tu es Petrus.* De chaque côté est l'écusson des deux bienfaiteurs. Indépendamment du maître-autel, il en est quatre autres dans cette chapelle, qui est placée sous la garde des seigneurs de *Mozi*.

LE SAINT-CHRIST.

Enfin, la visite se termine par la chapelle du *Saint-Christ agonisant* et de *Notre-Dame de guérison.* Autour de son enceinte on voit trois autels et plusieurs arcs sépulcraux : au-dessous du premier, à droite, sont les sépulcres de *don Luis de Quintanaduenas*, doyen du chapitre, et de quelques membres de sa famille ; au-dessus du second est celui de *saint Antoine de Padoue*, construit par les soins et aux frais de *don Diego* et de *don Jose de la Modena*, chanoines de la sainte église ; au-dessous du troisième, celui de *don Manuel de la Modena*, chanoine et chapelain du roi en 1661 ; au-dessous du quatrième a été déposé le corps du vénérable *don Pedro de Barrantes Aldana*, chanoine de Burgos, l'un des plus grands bienfaiteurs des pauvres, et qui mourut en odeur de sainteté en 1658.

A gauche, en entrant dans la chapelle et au-dessous du cinquième arceau, on voit un autre sarcophage avec deux épitaphes; dans le milieu, le Crucifiement, et, de chaque côté, un homme et une femme en prières. Cette chapelle est, comme toutes les autres, fermée par une grille en fer.

HORLOGE.

L'horloge placée dans la tour de gauche de l'église présente deux cadrans, l'un extérieur, l'autre intérieur, et facilite ainsi la connaissance de toutes les heures, dont le son est très-adouci dans l'intérieur à cause de la grande épaisseur de la tour et des moyens employés à cet effet, alors qu'il est très-retentissant à l'extérieur. A côté du cadran extérieur sont apostés deux mannequins tenant dans leurs mains un cahier de musique et qui ouvrent leur grande bouche à chacune des heures. Au quart, à la demi-heure et aux trois quarts, deux plus petits mannequins ouvrent une porte placée aux deux extrémités de la galerie, s'avancent vers le cadran comme pour le frapper et se renferment immédiatement après.

Les Espagnols sont très-partisans de ce spectacle, qui se reproduit dans le plus grand nombre de leurs principales églises : il semblerait, dès lors, qn'ils dussent être blasés et y donner peu d'attention; et cependant, à chaque sonnerie, ceux qui, par désœuvrement, sont sur la place de l'église, et même ceux qui, pour leurs affaires, la traversent en ce moment, s'arrêtent court, et, comme si c'était pour eux une nouveauté, contemplent en souriant ces personnages : il en est même qui leur envoient des applaudissements, et les femmes des révérences. Plus satisfaits encore se montrent les enfants des écoles en sortant de leurs classes, soit pour une récréation, soit pour rentrer chez eux : ils acclament ceux qu'ils appellent *los campaneros* (les sonneurs), et, par des rondes, leur témoignent le bonheur dont ils les font jouir. Le fumeur, étendu sur sa natte malgré le plus ardent soleil, prend part à cette juvénile hilarité; mais le dormeur, que ce tapage réveille, adresse aux écoliers les plus grossières expressions, et, pour en être plutôt débarrassé, se lève avec cour-

roux , et , dans une attitude menaçante , les force à fuir en toute
vitesse.

CHAPITRE IX.

Porte du cloître.

La porte est une œuvre ancienne et du plus grand mérite, par le nombre de ses statues et des sujets en relief qui en font la principale ornementation. Elle est formée par un grand arc ogival et par plusieurs autres qui
se rétrécissent en s'enfonçant, et sur chacun desquels on remarque huit
statues de saints et de saintes de grandeur naturelle , toutes assises dans
des niches et surmontées par des dais d'une grande richesse de sculpture.
Au sommet du grand arc sont les armes du seigneur d'Acunha, évêque
de Burgos, qui fit les frais de ladite porte. A la pointe des deux divisions
de ces arcs est un ange aux ailes éployées et dans une pose accroupie.
Toutes ces arcatures, si splendidement décorées, s'appuient sur trois
légères colonnes , dans l'intervalle desquelles deux niches ogivales et tré-
flées reçoivent , portées sur de riches consoles , les quatre statues colossa-
les des quatre évangélistes. Au-dessous du troisième arc, et au point où
chacun d'eux se repose sur les colonnes formant support, règne une corniche horizontale qui , par cela même , détermine un immense tympan où
est représenté en grand relief le baptême du Sauveur par immersion dans
le Jourdain ; le Saint-Esprit plane sur cette magnifique scène. Au-dessous
du principal tympan est un arc très-surbaissé , lequel est divisé horizon-
talement en deux parties à peu près égales ; la partie supérieure, formant
un second tympan, est aussi divisée perpendiculairement en deux parties :
le sujet en relief de gauche représente l'entrée triomphante de N.-S. J.-C.
à Jérusalem ; le second, la descente dans le sein d'Abraham ; d'une immense tête de dragon la gueule béante sortent des figures humaines re-
çues par le Seigneur. Les dais qui surmontent ces deux sujets sont de la
plus grande magnificence. Les deux piliers de côté et celui du milieu,
formant les deux ouvertures de la porte, sont creusés de manière à recevoir plusieurs statues portées sur des consoles et chacune surmontée d'un
dais; enfin, la boiserie ou les battants qui ferment les deux entrées re-

présentent deux rois de l'Ancien Testament, d'un travail admirable. Nous dirons ici que dans le nombre des statues qui ornent l'un des grands arcs est celle de saint François d'Assise. La tradition conservée à Burgos nous apprend qu'à l'époque où cette somptueuse porte fut construite, ce saint fondait dans la cité castillane l'ordre qui devait prendre son nom ; l'un des sculpteurs saisit sa physionomie, qui fut très-exactement reproduite. Dessous, on lit aujourd'hui : *Dios el de la s. d. r. a. é. santa Maria quien esto mando pintar le alumbre. ios.. alumbre la su facienda el libre de los peligros malos q. por el mund. son. Amen. Dios.*

Cette inscription prouve que toutes les statues qui ornent cette porte étaient coloriées : on ne peut encore aujourd'hui le révoquer en doute, puisqu'il en est qui ont conservé leur couleur.

DESCRIPTION DU CLOÎTRE.

Le cloître est spacieux et d'un gothique pur du quatorzième siècle. Les quatre côtés sont ornés d'un très-grand nombre de statues de saints, de patriarches, d'évêques, de héros, d'héroïnes, et de plusieurs sépulcres. On y voit aussi cinq chapelles. Au côté droit, en entrant, et sous le premier arc, s'élève le sépulcre de *don Gonzalo de Aguilar*. Ce seigneur est couché sur le couvercle en habits sacerdotaux ; il tient un livre dans ses deux mains, et ses pieds s'appuient sur un chien. Autour du sarcophage sont alternés en relief des écussons et des aigles. L'arceau est orné de figures et de sujets semblables adoptés pour ce côté du cloître ; au milieu est la statue d'un évêque, et plus bas une épitaphe.

Au second arc est le sépulcre *del senor Lopez* : il est représenté en vêtements sacerdotaux, mais entièrement allongé ; ses mains tiennent aussi un livre, mais fermé ; la tête fut faite d'après nature ; une statue est à chacun des angles du sarcophage ; sur la face on voit deux écussons, et au milieu la *sainte Vierge* portant dans ses bras le corps mort du Sauveur ; tout cet ensemble est en albâtre. Au centre de l'arc est une épitaphe, et au-dessus un évêque. Ces deux premiers sépulcres sont entourés d'une grille en fer.

Au troisième arc il n'y a pas de sépulcre, mais seulement, au milieu, la statue d'un évêque, et au-dessous deux sièges en pierre.

Au quatrième est le sépulcre de l'illustrissime seigneur *don Mateo* : il est couché sur le couvercle en habits pontificaux. Les faces du sarcophage sont semées d'étoiles. Au côté droit est un autre évêque accoté de deux anges, en attitude d'élever son âme vers le ciel. Au centre de l'arc est la statue d'un roi.

Au cinquième est le sépulcre de *don Pedro Martinez* : il est en habits sacerdotaux, ayant dans ses mains un livre ouvert, et à ses pieds un lion. Aux angles du sarcophage, qui est porté par des lions, figurent les quatre docteurs de l'Eglise ; sur la face, la *sainte Vierge* tenant son Fils mort dans ses bras, et, de chaque côté, un écusson soutenu par deux anges ; au centre de l'arc est une épitaphe, et plus haut un évêque.

Au sixième arc, le *senor Gadea* est debout sur le couvercle du sépulcre, ayant un livre dans ses mains, à ses pieds un enfant, et à ses côtés deux personnages, dont l'un représente un chevalier remarquable par son costume. Ces deux sépulcres sont aussi entourés par une grille en fer. Au centre de l'arc, *Jésus-Christ* est assis, ayant à ses côtés un homme et une femme dans l'attitude de la prière, et quatre anges portant les attributs de la Passion. Cet arc ou emplacement sert aussi de chapelle, dénommée les *Saints-Rois ;* elle fut peinte, en 1495, aux frais de *don Pedro de Alcala.*

Au second côté, et au premier arc, est le sépulcre du seigneur *don Pedro de Sepulveda*, sur lequel il est représenté tenant un livre dans ses mains.

A la face on ne voit que des écussons armoriés, et, sur les côtés, l'*Annonciation* et le *Sauveur*, que deux personnages intercèdent. L'arc est orné de figures et de feuillages, ainsi que le sont tous ceux du même côté ; au centre, la statue de *saint Pierre*, apôtre, et, au-dessous, une épitaphe.

Au second arc, le sépulcre du seigneur *Sanchez*, sur lequel il est couché tenant un livre dans ses mains ; à ses pieds, on voit un enfant dans l'attitude de la douleur ; à la face l'*Annonciation*, puis la *Visitation*, et entre les deux un double écusson ; au centre de l'arc, une épitaphe, et au-dessus la statue d'un évêque.

Au troisième arc, le sépulcre du seigneur *Ladfesa* appelle l'attention des curieux ; au centre de l'arc sont deux écussons et une épitaphe ; à la face du sarcophage , couvert de broderies , sont sculptés trois écussons, et , au sommet de l'arc, *saint Barthélemy*, apôtre.

Au quatrième arc est le sépulcre du seigneur *Ruiloba*, sur le couvercle duquel il est étendu en habits sacerdotaux , tenant un livre dans ses mains. Un enfant est à ses pieds, dans une attitude contemplative ; à la face du mausolée est un médaillon soutenu par deux anges ; au centre de l'arc, la *sainte Vierge* avec le *Sauveur* dans ses bras ; aux deux côtés, *saint Pierre* et *saint Paul*, apôtres, et, au-dessous, deux écussons ; au-dessus de l'arc, une statue restée inconnue, et, à ses côtés, *saint Michel* et *saint Jean-Baptiste*.

Au cinquième arc, *sainte Catherine* en occupe le milieu ; et, au-dessous, deux épitaphes font connaître que là sont inhumés *don Pedro de Lalo* et *don Diego de Agreda*.

Au sixième arc, le sépulcre du seigneur *Santander*. Quelle architecture ! quels beaux ornements ! tout est merveilleux ; mais ce qui le paraît encore davantage, c'est un bas-relief, au centre de l'arc, représentant la sainte Vierge et l'enfant Jésus, imités de la *Vierge à la chaise* par Raphaël, se détachant d'un fond ondulé qui laisse supposer que le défunt recommandait son âme à l'étoile de la mer : *Stella maris succurere cadenti*. La figure de la Vierge est d'une expression bien difficile à imiter ; plus difficile encore serait celle de l'enfant Jésus. A la face du sarcophage apparaissent deux écussons fleurdelisés, et, au-dessus de l'arc, une statue.

Le septième mausolée est celui du seigneur *Gonzalo*. Son image est étendue sur le couvercle en vêtements sacerdotaux. Au centre de l'arc on voit la *Résurrection* et au-dessous une épitaphe ; aux deux côtés, *saint Pierre*, apôtre, et *saint Antoine de Padoue* ; sur la face du sépulcre, le *Sauveur* parlant à la Samaritaine, et accoté de deux écus armoriés ; au-dessus de l'arc deux statues que l'on suppose être, l'une *saint Ignace*, l'autre *saint Aton*, évêque d'*Oca*.

Le sépulcre enchâssé dans le mur au-dessous du huitième arceau est sans épitaphe, et représente un personnage avec des vêtements sacerdotaux ayant, d'un côté l'*Annonciation*, et de l'autre le *Sauveur*, aux pieds duquel deux autres personnages sont en prière. La face du mausolée est ornée de quatre écussons. Au centre de l'arc trois statues sont aussi enchâssées dans le mur : l'une représente *saint Pierre* guérissant un infirme enveloppé dans un linceul dont le troisième personnage tient l'extrémité.

Le neuvième arc sert de chapelle portant la dénomination de *don Juan Estevanez*. Au centre est une simple croix de pierre sur laquelle est cloué le Sauveur ayant à ses côtés *saint Jean* et la *sainte Vierge*. Il est facile de reconnaître que tout cet ensemble était jadis colorié.

Au premier arc du troisième côté du cloître, une statue en orne le centre, et au sommet est une cloche qui de la salle capitulaire appelle le portier.

Au second arc s'élève, sans ornementation, le sarcophage de *don Grigera*, au-dessus duquel il est représenté en habits sacerdotaux et les mains jointes ; à ses pieds un enfant est assis sur un tabouret tenant un livre ouvert ; au centre de l'arc est une statue, et au-dessous, une épitaphe.

Le troisième arc donne entrée à la chapelle appelée jadis *Corpus Christi*, dont l'autel a été enlevé et ne sert aujourd'hui que de passage pour se rendre à la salle capitulaire, et pour monter aux archives de la sainte église. La salle capitulaire est ornée de cornes d'abondance et de tableaux du plus grand mérite : dans le nombre, la naissance de *saint Jean-Baptiste*, par *Jordan*, et *saint Jean l'évangéliste*, par *Murillo*. Les archives sont célèbres par leur antiquité et envisagées comme les premières de toutes celles des églises d'Espagne : elles sont fermées par une double porte : la première en barres de fer, au milieu de laquelle est une plaque portant en lettres gothiques, grandes de deux pouces, l'inscription : *Camenarum secessus sapientiœ ;* la seconde en bois épais et couverte de gros clous. Dans cette ancienne chapelle, aujourd'hui passage, on voit encore deux sépulcres : celui de noble *don Miguel Esteban del Huerto del Rey* et de *dona Ucenda*, sa femme, et celui de *Juan Cuchiller*, serviteur du roi *don Enrique III*, qui, dans une occasion, se trouvant sans la moindre ressource pour acheter de quoi se nourrir, vendit son manteau et, par ce moyen, put venir en aide aux besoins du roi de Castille. La statue de ce serviteur est debout et en albâtre ; un chien repose à ses pieds. A côté, et enchâssé dans la muraille, on voit un vieux coffre et, au-dessous, un cartouche sur lequel on lit : *Cofre del Cid*.

Il faut monter trois marches pour entrer dans cette ancienne chapelle.

Au milieu de l'arc, et au-dessus de la porte des archives, on a représenté le Christ, entre la sainte Vierge et saint Jean ; plus bas , deux personnages séparés par une tour ou château, et, sur les côtés, deux anges portant les insignes de la Passion. — Revenant au cloître, on trouve, au quatrième arc, le sépulcre du seigneur *Serracin*, qui le représente couché sur le couvercle en vêtements sacerdotaux ; il tient un livre dans ses mains , et ses pieds s'appuient sur un chien. Au milieu de la face du mausolée est représenté le Crucifiement, et tout le pourtour est orné d'écussons. Au centre de l'arc on voit la statue de *saint Jacques*. Ce monument est entouré d'une forte grille en fer.

Le cinquième arc forme l'entrée de la chapelle *Sainte-Catherine*. On y monte par trois gradins en jaspe. Le tour de cet arceau est orné d'une riche frange artistement sculptée ; au fond, et dans le centre du mur, on a représenté une Descente de croix. Il a été dit plus haut que quand la chapelle dédiée à cette sainte devint celle de *Saint-Jean de Sahagun* , ce fut cette dernière qu'on lui dédia , et qui dès lors prit son nom. Plus tard , et jusqu'en l'année 1765 , elle fut transformée en sacristie ; mais quand, dans le cours de la même année, on eut organisé une sacristie nouvelle , auprès du maître-autel , ladite chapelle reprit la dénomination de *Sainte-Catherine ;* on l'appelle aussi *la vieille sacristie*, et , comme troisième dénomination, *la salle des portraits des évéques et archevêques de Burgos ;* car , en effet, les trois murs de ladite salle sont couverts par tous les portraits des prélats qui , jusqu'à nos jours, occupèrent le siége de cette métropole. Sur cent vingt-sept, quatre-vingt-seize évéques et quinze archevêques furent commandés au célèbre peintre espagnol *Nicolas de la Cuadra* , aux frais de *don Manuel de Navarrete Ladron de Guevara ,* archevêque de Burgos. Les seize autres et derniers furent peints d'après nature et classés à l'époque de leur mort. On remarque dans cette chapelle le beau tableau représentant l'*Agonie du Christ* , un *saint François d'Assise ;* une toile sur laquelle est relatée la chronologie des religieux de son ordre, et sur une autre celle des membres du chapitre de la sainte église ; deux grandes glaces de Venise ; deux grandes branches de corail dans lesquelles sont incrustées des pierres précieuses ; un somptueux bahut, chef-d'œuvre de *don Pedro Martinez*, religieux bénédictin du monastère de *Cardena*.

Au-dessus de l'entrée de la chapelle on a sculpté les armes de don Navarrete, entourées de l'inscription suivante : « *Este losado y cajones* » *hizo el ill^{mo} senor don Manuel de Navarrete Ladron de Guevara,* » *arzobispo de esta santa iglesia de Burgos, a beneficio de ella, y* » *para major honra y gloria de Dios. Ano de 1713.* » — « Cette enceinte et tout ce qui contribue à l'orner est due aux bienfaits de l'illustre seigneur don Manuel de Navarrete Ladron de Guevara, archevêque de cette sainte église de Burgos, pour le plus grand honneur et la plus grande gloire de Dieu. L'an 1713. » L'extérieur est orné de quatre tourillons et d'un avant-corps, ou galerie en pierre sculptée ; au-dessous une grande quantité d'ornements tels que feuillages, figures, etc. La fenêtre qui est à côté se remarque aussi par l'élégance de ses sculptures ; au-dessus, on a placé la statue d'un évêque (sans doute celle de *don Navarrete*), et, au-dessous, la tête d'un roi.

Dans le sixième arc on lit l'épitaphe de *don Diego de Villaute ;* au-dessous, un relief représente le sacrifice d'*Abraham*, et plus bas, un bahut est incrusté dans le mur.

Au fond du septième arc est la *Naissance du Sauveur ;* au-dessus, la statue d'un évêque accotée de deux médaillons représentant *saint Pierre* et *saint Paul ;* au-dessous, un cartouche soutenu par deux enfants, et, sur les côtés, *saint Bernard, saint Barthélemy, saint Jérôme* et *saint Judas-Thadée.* Le sarcophage, placé en avant, est orné d'écussons, et sur le couvercle est couchée l'effigie du seigneur *Illescas* en habits sacerdotaux, les mains jointes, et ayant à ses pieds un enfant dans une attitude contemplative.

Dans le huitième arc apparaît la porte qui donne entrée dans la sacristie de la chapelle de *saint Jacques ;* en face, on voit une précieuse statue du *Sauveur* placée dans une niche, et entourée d'élégantes sculptures et de plusieurs têtes qui paraissent avoir été faites d'après nature, et que l'historien *Bosarte* croit être celles des architectes qui construisirent l'église.

Au quatrième côté et au centre du premier arc est la statue d'un évêque sans autre ornementation ; au second arc une fenêtre sans ornementation ; au troisième arc, l'escalier qui conduit aux bureaux du trésorier de la sainte église, sans ornementation.

Le quatrième et le cinquième arc ne sont que figurés, et forment le mur extérieur de la nouvelle sacristie : ici encore pas d'ornementation.

Au sixième arc est la porte par laquelle on entre dans cette sacristie : pas d'ornementation ; mais du côté droit la *Vierge*, et du côté gauche un *ange* représentent l'*Annonciation* ; au-dessous de l'une on lit : *Redite vota Deo vestro*, et au-dessous de l'autre : *Laudem dicite Deo nostro.*

Au septième arc, très-orné, on voit la statue d'une femme tenant dans ses mains un large ruban sur lequel on lit : *Sibila profetisa.*

Au huitième arc, aussi très-orné, sont deux statues qui représentent *saint Ferdinand* et sa femme *Béatrix*. C'est là que fut jadis la chapelle royale où ils célébrèrent leur mariage, le 30 novembre 1219, jour de *saint André*, apôtre. A chacun des quatre angles de cette chapelle on voit des groupes de plus petites statues : dans l'un, les enfants de *saint Ferdinand;* dans le second, l'Adoration des Mages; dans le troisième, *don Maurice,* fondateur de l'église ; *saint Ferdinand*, et deux autres personnages, et dans le quatrième, l'*Annonciation*, ainsi que *David* et *Isaïe.*

Au neuvième arc est la statue de *saint Paul*, apôtre, dont le martyre se distingue en relief au-dessous de la console.

Enfin, le quatrième côté est terminé par la chapelle de *saint Jérôme*. Elle fut fondée en 1550 par le licencié *don Francisco de Mena*, protonotaire apostolique et archidiacre de *Lara*. Son unique autel, quoiqu'un peu détérioré, est très-gracieux, par sa bizarre ornementation et par le nombre de ses statues. Du côté de l'épître s'élève le sépulcre du fondateur. A la face, on distingue un écusson porté par deux anges; sur le couvercle son effigie couchée, et à ses pieds un enfant avec un livre ouvert; au fond, et au milieu de l'arc, le sujet représente la venue du *Saint-Esprit;* au-dessous une épitaphe, et au-dessus une fenêtre qui éclaire la chapelle. Sur la verrière est écrit : *Priùs mori quàm fœdari.* Une grille en fer, fermant ladite chapelle, s'élève jusqu'au sommet de l'arceau ; sur cette grille sont les armes du fondateur.

Toutes les colonnettes et arceaux qui forment la galerie du cloître sont couvertes de feuillages, de figures et autres ornements. Entre chacun des arceaux s'élèvent des clochetons ; et au milieu d'un avant-corps, au-dessus de la nouvelle sacristie, on a placé un cadran solaire, le seul qui soit connu dans Burgos.

Au milieu de ce cloître, un piédestal artistement sculpté et entouré de diverses statues est surmonté d'une grande et belle croix en fer, aussi très-ornée.

Pour terminer enfin la description de cette si imposante église, nous dirons qu'autant à l'intérieur qu'à l'extérieur elle est décorée d'innombrables sculptures, telles que statues grandes et petites (dont il est impossible de déterminer le chiffre), de bustes, de médaillons, mascarons, chimères, feuillages, broderies, découpures, etc. : deux somptueuses tours sur la façade, une troisième formant le Crucero, et une quatrième sur la chapelle du Connétable ; trente-six clochetons sur les tours citées et sur l'ancienne sacristie ; quatorze galeries très-gracieusement ciselées et surmontées d'une multitude d'aiguilles ; sept escaliers en limaçon : un au cloître, deux pour monter aux deux grandes tours, deux pour le Crucero et deux pour la tour du Connétable ; neuf rosaces ; quatre lanternes au-dessus des quatre coupoles ; cent douze fenêtres pour éclairer l'église, les chapelles et la sacristie ; trente-neuf arceaux formant les nefs, lesquels sont surmontés de galeries à jour et portés par soixante piliers ; vingt chapelles fermées par des grilles en fer (les deux autres grilles du Crucero sont en bronze) ; dans les chapelles, cent quarante-quatre tableaux d'une grande valeur, soixante sépulcres, tous remarquables par leurs sculptures, les uns en saillie, que l'on peut contourner, d'autres touchant les murs, d'autres enfin à demi enchâssés ; neuf grands bénitiers dont cinq en très-beau marbre, et quatre en pierre richement sculptés ; six orgues, dont deux dans la grande nef, les autres dans les chapelles ; neuf chœurs avec leurs stalles (1).

Continuant le relevé descriptif de ce qu'on remarque encore dans la sainte église, nous citerons les beaux fonts baptismaux de la chapelle de *sainte Thècle*, et la grande piscine ; huit immenses armoires ; quatre lustres en cristal d'une bien grande dimension et dix candélabres aussi en cristal ; neuf pupitres grandioses, dont deux dans le grand chœur ; dix con-

____

(1) Ayant déjà donné la description des stalles du principal chœur, nous ajouterons ici que les pilastres sculptés qui séparent les stalles du rang inférieur sont surmontés de pupitres pour les chantres, et chaque pupitre d'un candélabre servant à illuminer le chœur ; les pilastres qui séparent les stalles du rang supérieur sont surmontés de colonnes qui supportent le couronnement fait en manière de dais et très-délicatement dentelé.

fessionnaux ; quarante-quatre autels, dont les retables sont ornés de quatre-vingt-douze statues de grandeur naturelle et d'une multitude de plus petites. Si l'on voulait y comprendre celles qui occupent les niches creusées dans les murs, on croirait facilement voir tout un peuple en religieuse méditation.

Quand du milieu de l'église le regard se porte sur ses voûtes si élevées et si gracieuses, l'admiration ne se lasse pas ; mais quand on l'abaisse sur les chapiteaux à jour représentant des milliers d'hiéroglyphes lesquels couronnent les colonnettes si effilées qui supportent ces mêmes voûtes, on se prend à douter de la solidité du monument : mais sa durée, depuis l'an 1222, démontre aux architectes modernes qu'un édifice religieux ne devant pas être construit comme une forteresse, ils ne devraient jamais préférer la lourdeur et le matériel à l'élégance et à la légèreté ; car, s'ils savent bien construire et employer de bons matériaux, ils ne peuvent sacrifier l'art à la massiveté.

Les architectes et les touristes éclairés, réunis à toute la nation espagnole, comparant l'intérieur de la cathédrale de Burgos à celle de Tolède, donnent à bon droit la préférence à celle-ci, beaucoup plus grandiose, et plus riche en ornementations de toutes sortes ; mais quand ils envisagent l'extérieur de la première, ils sont forcés de convenir que, dans tout son ensemble, elle est bien supérieure et mérite, ainsi que nous l'avons déjà dit, d'être classée comme *la neuvième merveille du monde.*

BIBLIOTHEQUE NATIONALE DE FRANCE

www.ingramcontent.com/pod-product-compliance
Lightning Source LLC
Chambersburg PA
CBHW051005060726
47593CB00017B/1075